学习高手
是这样炼成的

陆震谷 著

上海故事会文化传媒有限公司　上海文化出版社

序
一本专门写给家长看的书

张辰

（上海市人大常委会委员，教科文卫委员会副主任委员）

一位有着近 40 年教龄的中学高级教师，有着 21 年学校管理经历的上海市特级校长，现在还兼着一个班级的语文课，他写的书，很值得一读。

几乎每一个人都离不开教育。孩子的成长需要教育，自己的发展需要教育，工作以后还要不断地培训进修，这也是教育。教育的成功不在起跑线上，而在我们日常的学习过程中。近 20 年，家长对孩子成为社会精英的渴望日渐强烈，在中国这块土地上，教育成了最热门的关注点。可以这样说，中等教育这一块，大到中考、高考改革，小到作业量限定、民办学校摇号录取等措施，都牵动着每一位家长的心。所以政府部门出台每一项政策，都是慎之又慎。

家长对政策的理解并不完全一致，各自又有各自的需求，家长选择孩子的求学之路，永远在探索中。比方说，有人喜欢送孩子去收费的民办学校，有人喜欢离家近的好学校，还有人喜欢让孩子去寄宿制学校，这样选择究竟对不对，有时心中没有把握，很希望听听权威的建议。那么，这本《学习高手是这样炼成的》就是一本很好的参考书。

这本书可以给学生看，可以给教师看，更是一本专门写给家长看的书。现在的家长是学生学习的第一责任人，在孩子的成长中发挥着举足轻重的作用，给家长聊教育比给教师聊教育影响力更大。书中所讲都是我们平时关心的"学习琐事"，阅读起来感觉很亲切。书中没有抽象的理论，没有空洞的说教，而是实实在在地叙事论理，娓娓道来，厚积薄发，读完一遍，掩卷遐想，如沐春风。

书中展现的作者亲历的许多故事，对家长和学生都有借鉴意义。别人家孩子的成功和失败，家长可作为了解教育的知识积累，在指导孩子学习时，多一份经验和思考。最为可贵的是，作者从教育教学第一线发现问题，书中一些观点和方法，比较接地气。在读者处于教育困惑中不辨东西之际，一个精辟的观点，一个全新的方法，可以使他们眼前为之一亮，甚至可以改变自己从众的理念，进入崭新的境界。

我很希望读者能与我一样，喜欢阅读这本书。

2020 年 6 月

自序
教师已经退居教育第二线

陆震谷

在学生的教育上，教师一直是主体，怎么会退居二线了？因为学生家长都冲锋到了第一线，教师自然被挤了下来。

学生升学填写志愿是家长决定的，学生课外补习是家长选择的，学生参加集体活动是要取得家长首肯的，学生作业怎么做是由家长辅导的，教师的课怎么上家长也要评头论足，学生在班里发生矛盾家长来理论，学生选择什么兴趣活动家长来拍板。家长对孩子言传身教，早已是孩子的第一位老师，更不要说平时衣食起居皆由家长安排。发展到现在，教育孩子，一切都服务到位，家长或将成为孩子的终身教师。本是教书育人主体的教师，只能屈居其后了。有人戏言，家长个个都是育人高手，再无必要计较学校是重点还是非重点了，自己就是重点之重点。

大概全世界，当代中国的家长是最尽责的家长，也是最辛苦的家长。

我们读书的时代，家长对孩子基本是以散养为主。家里好几个小孩，哪有什么时间和精力精心陪读？

我是 1978 年考的大学，考不考大学都是你自己的事，父母基本不过问。当年招生录取的比例是 20：1，我能被录取，现在看来，也算是

1

尖子学生。但不是父母管控的结果,而是自我需求给了我很大的动力。我复习迎考整整三个月。清晨 7:00 开始看书做习题,晚上 12:00 左右睡觉,自己安排得井井有条。我的母亲也曾是教师,父母没问过我一句关于高考的事,母亲只是默默地准备一日三餐,尽量不打搅我。等我高考结束回家,母亲正在厨房忙着炒菜,头也不回地问了一句:"考好啦!"此时,我深深地感到母爱的一股暖流。

四年以后,我师范大学毕业到中学任教,此时的家长逐渐开始关注孩子的教育,家校联系一年比一年频繁,但很少有家长会像现在这样掌控孩子的一切。

我所在的中学与上海交通大学仅有一条马路之隔,学生中相当一部分是上海交通大学教工子弟。受知识分子家庭影响,这些学生学习都比较认真。一些家长还是会到学校来了解孩子的学习状况,因为非常方便。对孩子有什么重大决策,都会诚心诚意地先与老师商量。学生升学填志愿、选学校,高考选文科还是理科,孩子是否出国留学等,家长都会先听取老师的意见。有时还做好笔记,回家夫妇两人商量,把老师的建议作为决策的依据。我当时很惶恐,也很感动。都是些名校的教授、讲师,耐心听我一个二十多岁的青年教师班门弄斧,而且还是这么谦和认真。

现在的家长,对孩子教育的重视程度,与过去相比不可同日而语。到马路上走走,见得最多的是教育培训机构和教育培训广告,因为市场热销呀。现在家庭条件好了,大多数是独生子女,培养孩子成了每个家庭的核心问题。付全身之力,倾全家之财,为培养孩子成为学习高手,家长们奋不顾身,几乎不惜一切代价。浓浓的教育热潮扑面而来,谁都能感觉到,家长已成了教育孩子的主力军。

家长冲锋到教育第一线后,成了孩子学习的第一责任人。家长心甘情愿、不辞辛苦、肩负重担、当仁不让。如果孩子成为学习高手，父母干劲十足，但如果孩子进入误区，教育失败，家长就会黯然神伤。

谁都知道，教育孩子不是去菜场买菜，挑挑拣拣就可以轻松完成。即便你是高级知识分子，是高级干部，或本身就是教师，但要培养自己的孩子，还是需要方式方法，这样才不会耽误孩子的前程。我作为从教近四十年的老教师，去请教幼儿园、小学老师怎样教育自家孩子，都是非常的虔诚。亦如当年上海交通大学教工子弟家长问道于我，不耻下问曾令我感动。

想让孩子成为学习高手，家长自己首先要是懂教育的高手，有高手的家长才会有高手的孩子。那么，家长为了使自己的孩子成为学习高手，需要做许多努力，这些都是我平时一直跟家长讲起的。

首先，要懂一点育人常识，初听似乎很小儿科，其实有大学问。

与你孩子的任课教师和班主任多联系、多沟通，这非常重要。老师讲的大都是教育的 ABC，很具体也很基础。现在家校联系很方便，有电话，有微信。听教师的建议比听社会上的小道消息要靠谱得多。不管家长从事什么工作，哪怕是专家、学者，老师对你孩子的了解和分析也往往比你更深刻，他们从事的就是这项工作，他们是专业的。绝大多数的教师教育学生是没有功利的，不会伤害自己的学生。个别家长，老是怀着被人欺骗的戒心，总想要去维权，与老师很对立，这样的家长往往听不进老师的建议。如果能与老师成为朋友，肯定有利无害。

其次，家长有时间应多读一点有关教育的书籍，一个不读书的父母怎么培养出一个读书的孩子呢？

喜欢读书的孩子往往是学习高手。家长以身作则，家有书香气，读书就能传承。我们平时说富二代、官二代、红二代，真正传承很困难，唯有读书可以代代相传，即所谓书香门第。读一点有关教育的书籍，懂一点教育规律，在于提升理论基础，家长可以在理论指导下实践。

此外，随教育大流走，还要善于独具慧眼开拓孩子的发展之路，如果能做到这样，家长才真正称得上是高手。随教育大流并没有什么不好，那么多人互相攀比着潮起潮落，一定有其合理性。选什么学校，参加什么补习，学点什么特长，怎么应对考试，虽不用人云亦云，但也一定有其参考价值。但要注意的是，每个学生情况都不一样，闭着眼睛随大流容易进入误区，而且大流里也有污泥浊水，一不小心，上当受骗，一旦耽误了孩子的前程，那后果就很严重了。

教育过程就是一张单程票，逝者如斯夫，这张旧船票再也登不上回去的客船。

我有一位中学时代的老同学，他儿子想出国留学，来听听我的意见。他儿子大学刚毕业，所学专业比较冷门，感觉就业很困难，所以趁着当年留学潮，也想出去看看。但夫妻俩都是普通工薪阶层，根本承担不了留学费用，就准备卖掉父亲留给他的在外出租增加一点收入的一个小单元房子。他是带着儿子一起来的，面对他儿子的满腔留学激情，我能说什么呢？最后，他还是卖掉了房子，供儿子去美国留学。后来听说，出国以后，他儿子的留学生涯并不顺利，夫妻俩还要用人民币换点美金补贴给他。几年下来，用光了所有积蓄。

几年以后，我知道老同学生病了，去看他。只见他们夫妻俩很孤独，相对而泣，长叹"人财两空"。问其缘由，才知道我老同学得了癌症，家里经济彻底崩溃，一切都听天由命。他夫人告诉我，儿子出国八年，从未回来过一次。除了向二老要钱之外很少有联系，至今也未拿到绿卡，好像在到处打黑工，也挣不了什么钱，但就是不肯回来。现在知道父亲生病了没钱给他，断了联系一年多了。老同学养了一个不肖子孙。

　　我后悔当年没有阻挡一把。他儿子本身并不具备留学能力，家里经济条件也不宽裕。他们随了出国的大流做了一个错误的决定，落得一个悲惨的晚年。他卧床不起，家徒四壁，床头一张破桌子上堆满了锅碗瓢盆和各色药瓶，吃了一半的粥放在枕头边。最醒目的是一张破藤椅，在墙上打了一颗钉子，高高挂起，不舍得扔掉。一进屋子，一股烧饭的油腻味扑鼻而来，场面看了令人心酸。真想揪他儿子回来看看，怎么能如此置父母于不顾呢！

　　家长对孩子全身心投入是自然的，但不能盲从。培养一个学习高手，盲从恰恰适得其反。尤其是在决策一件件平常事之前，真该好好想一想。我与家长们有过很多这样的讨论：孩子要不要考民办学校？家长要不要天天陪读？为什么孩子学习总不自觉？在家做作业拖延怎么办？孩子成绩中游可能改变吗？课外补习怎么做？死记硬背究竟有没有意义？学生产生焦虑怎么处理？怎样排除考试的干扰因素？录取学校不满意复读好吗？成绩达不到怎么去"借读"？我们讨论的话题广泛而宽松。

　　将很多讨论的内容写下来，就有了这本书。尽我所能，给家长提个醒，给学生点个题，给老师吐个槽。讲讲自己当校长和老师的体会，谈谈自己教学的教训和经验，实话实说。如果对家长和学生有所帮助，就不枉我写这本书。

　　当我写完本书的最后一篇文稿，正值新型冠状病毒在全世界肆虐。屋外已是阳春三月，白天路上却空无一人，格外寂静。我禁足在家写稿，就好像是与家长面对面的讨论，谈兴正浓。学生网上统一听课，作为语文老师，我网上做指导。讨论多年的网课有了一次全面的实战机会，本以为这是现代科技的再一次展示，不料不少中小学生家长大呼："疯了，疯了，我们全要疯了。"因为本来晚上痛苦的陪读，变成了整天痛苦的陪读，很多家长还要上班。没有老师课堂面授，中小学生怎么会去静坐在屏幕前认真听讲呢？就是这一条，足以考验以前对网课的种种向往，这也大概是原设计者始料未及的吧。所以，我们在观念上以为很理想的事物，冷静反思，问题还真不少。

同样的教育话题，我们还可以讲很多很多。

目 录
CONTENT

目 录
CONTENT

目录
CONTENT

陪读，孩子进入初中是否还要继续

不少家长跟我说，他们陪读，苦海无涯，不知什么时候是个头，难道要陪读一辈子吗？孩子进入初中，应该结束了吧？

对于家长来说，陪读很难熬，所以期盼知道结束的年龄段。就像在黑暗中航行，看见微弱的灯光，总能给人一种希望。小学毕业？初中毕业？高中毕业？或者读了大学还要去陪读？

其实，等孩子长大一些，这种陪读就难以为继了。孩子长大了容易逆反，家长天天在孩子身边辅导功课，孩子有时会很不耐烦。绝大多数家长没有经过师范培训，辅导作业也是边学边做，不是很专业，效果也不一定好。而最主要的是，家长的中小学学科知识有限，不管家长的学历是什么，都会感觉现在中小学练习题与自己读书时完全不一样。随着孩子年级提高，帮助孩子解决难题时，实在是心有余而力不足。

陪读的需要对每个孩子来讲也是不一样的，有的需要陪读到年级高一些，有的可能低一些，真要去界定一个统一的年龄段并不科学。如果说需要一个参考标准的话，我认为应该由孩子的学习态度来决定。如果学生学习自觉性强了，可以早点结束陪读，学生学习自觉性较差，那么可以多陪几年，但决不应该陪到初中。

我就这个问题曾请教过一些家长，也算做过点调查。大概有70％以上的家长告诉我，陪读到小学毕业基本就结束了。当然，陪读结束，对孩子学习的督促、关怀并没有结束，就是读了大学，可能还会延续。但天天帮助孩子完成作业的这种陪读，家长们都认为不宜过长。这就如同给婴儿断奶，无限期拖延，反而会造成不良后果。

有的家长会很担心，结束了陪读，尤其孩子不在自己眼皮底下做作业，交上去的作业会不会都是红叉？学习会不会退步？这种担心就如小孩学步时，家长担心撒了手他会摔跤，很能理解。但你去观察一下，那些没有陪读的学生，学习成绩是否真如你想象的，跌落在班级的最底层？

并不像许多人认为的那样，陪读是完全不可或缺的。目前有两种家庭的孩子，基本上得不到父母的陪读。第一种，父母工作很忙，无暇陪读；第二种，父母本身文化水平低，无能力陪读。但我发现，这些孩子的学习成绩并不一定很差，我问过不少老师，他们也是这样告诉我的。

现在正忙着给孩子陪读的父母，你们回忆一下自己的学生时代，父母基本上是不陪读的。因为那时还不流行陪读，极个别有条件的家庭才会辅导课后作业，你们当时的学习成绩都是班级垫底吗？我们这一辈老先生，学生时代都没见过陪读，放学后几个邻近的同学组成小组一起做作业，至多同学们互助一下，学习成绩还是十分优秀。

所以，我给你们的建议是，不必过多地纠结陪读到什么时候，而要更多地关注陪读些什么？

我在很多场合讲过这样一个观点：好的陪读是只"陪"不读，"学科知识由老师去负责，家长主管学习氛围"。

家长的陪读没有办法跟随孩子一生，那么学科知识的指导就交给老师，家长陪读是营造一种学习氛围，培养学生的学习兴趣及情感、意志等心理素质，教育界称之为"非智力因素"。

首先，形成良好的学习习惯。良好的学习习惯决定学生一生的发展。我们都熟悉美国著名的心理学家威廉·詹姆士的名言："播种行为，收获习惯；播种习惯，收获性格；播种性格，收获命运。"这种培养，家长在家里有很多的机会。例如，先完成作业再娱乐的习惯，做错题必须订正的习惯，课前必须预习的习惯等等。

其次，培养持久的学习毅力。同学之间拼成绩有时就是拼毅力，这种毅力是需要培养的，只有克服了学生天生的惰性，才能激发其强烈的学习热情。家长陪在边上，更有条件鼓励和督促学生。例如，当学生学习厌烦时，父母可以调节一下气氛；当学生学习感到疲劳时，父母可以在生活上给予关心等，在学校里肯定做不到那么细致周到。

最后，营造温馨的学习氛围。现在，学生在学校里紧张有余，活泼不够。每个学生都渴望一种温馨的学习氛围，尤其是低年级学生更为明显。温馨的学习氛围在家里更有可能形成，亲情在，温馨就在。很可惜，现在许多陪读让学生如临大敌，家长吼声不断，开辟了学生学习的第二战场。我们可以问一下孩子，是愿意上课还是愿意家长陪读？如果陪读严于上课，是不是有点本末倒置呢？

陪读，我们换一种打开方式

家长陪读时，打开孩子的书包，开口第一句话，常常会问："今天有哪些回家作业？"没错，这很重要，完成回家作业是硬任务，作业完成的怎么样，关乎孩子的学习成绩和学习态度。

但我想告诉你们，打开孩子的书包后，第一句问话可以改为："今天你们上了哪些课？你学会了什么？"通过让孩子复述当天学校的学习内容，更有利于提升学生的学习自觉性，巩固学校学习的效果，你们相信吗？

如果相信，家长可以试一试。不管你们陪读与否，坚持每天让孩子讲一讲当天老师上了什么课，学会了什么，形成一种家庭惯例，就像碰面互相问候一样自然。千万不要长篇大论，可以轻松地让孩子用几分钟时间回答你。当然要求是真实回答，不能敷衍了事，否则就没有意义了。

让孩子复述当天的学习状况是一个非常好的陪读方式，可以促进孩子关注学习，喜欢学习，比一味询问每天有哪些作业更为有效。现在很多学生做作业已经做到厌倦，打开书包又是问作业，很容易让学生反感。那么，我们为什么不换一个轻松的话题呢？而且用不了几分钟。

对学生而言，复述并不困难，就是回忆一下当天的学习情景：今天上了哪些课（包括体育课、活动课、兴趣课）？学到了什么新知识？也可以说说学习中喜欢和不喜欢的内容。当然，孩子如果有兴趣，还可以讲讲在学校中的喜怒哀乐。这种复述要求每天坚持，类似做口头日记。

有教育专家做过这方面的实验，坚持一段时间之后，效果就产生了，绝大多数被试者提升了学习自觉性。

其一，让孩子养成关注学习的习惯。孩子每天带着任务去上学，这个任务就是回家复述学习内容。因为要复述，所以他们必须十分关注自己学习的内容，他们会主动梳理当天学到了什么，理清自己的思路，实质上等于掌握了学科脉络。比起有的学生学了一大堆知识仍分不清东西南北，要积极得多。

其二，让孩子养成良好的记忆习惯。记忆是一种能力，也是一种习惯。因为学生回家要复述学习内容，所以随堂记忆就会成为一种自觉行为，时间久了，也就习惯成自然了。这种有意识记非常高效，回家要讲给家长听，是有任务的，识记的目的非常明确，作用不亚于老师布置的背诵作业。而且随堂记忆可以节约很多时间，现学现记，方便实用。比起学生一边学一边扔，记忆效果好得多。

其三，让孩子感受每天的进步。学科知识是一个体系，你每天复述学习内容，等于是做学习日记，每天就像接龙一样，把学到的点点滴滴知识排列起来，从单一到众多，从简单到复杂，虽然只是报报流水账，却能呈现学生学习进步的路径。学习的喜悦，有什么能超越感受到学习进步的喜悦呢？

当然，让孩子回家每天复述学习内容，家长要懂一些策略和艺术，是真诚的检查，是温馨的交流，是积极的鼓励，少一点训斥，孩子才会乐意接受这种陪读方式。

陪读，不需要给老师呈现一份完美的作业

　　陪娃做作业，主要任务有两项，一是监督是否完成老师布置的作业，二是检查作业完成得正确与否。这些本应该是老师完成的教学任务，由于种种原因，现在家长义不容辞地承担下来。就如医院陪护，本是护士的工作，现在全让家属代劳了。家长对孩子的殷殷期望，全在陪读之中。

　　我想，陪读可以协助老师管理学生在家的学习，是必要的，家校联手，有助于杜绝学生作业拖延的坏习惯。但是，有时家长陪读会越俎代庖，扰乱老师对教学效果的判断，对学生和老师产生一些负面作用。就如家属代劳护士工作，结果把打针喂药的任务也包揽下来，因为不专业，极有可能帮倒忙。

　　有的家长还抱怨"老师减负，家长增负"，认为陪读让老师轻松了。如果我是小学老师，决不会让家长替我去"批改作业"。我知道，家长检查作业，不仅是检查，还会辅导，而且尽量辅导得尽善尽美，这里就有负面作用，会影响老师对教学效果的判断。

孩子做数学作业，"8＋7＝15"，如果孩子写的答案是 16，一些家长会马上纠正，而且脱口而出正确答案。因此，学生交上去的作业就没有留下一丝错误的痕迹。

孩子做语文作业，作文写不出，家长在一旁忍不住会帮他遣词造句，直至谋篇布局，甚至让孩子听写，为的是有一篇上乘的作文交给老师。

这种一丝不苟的陪读精神，竭力给老师呈现一份完美的作业，最大的负面作用就是掩盖了学生学习中的缺陷。有些学科的知识点学生也许根本没有掌握，老师却以为学生已经学会了，从而对学生的学习状况产生误判。这就如病人去医院看病，隐瞒了病情，医生就无法对症下药。这个负面作用很严重。

首先，老师给学生布置作业，除了强化训练之外，还有一个重要的作用，就是通过批改作业，了解学生掌握所学知识的情况，以此来调整自己的教学方法与进度。如果学生呈现一份完美的作业，老师根本看不到学生的真实学习状况，就会严重影响他的教学策略。

其次，家长追求作业的完美，又怕孩子做不到，有时候干脆自己代劳，这就容易让孩子产生惰性。学生在课堂上听不懂也不心急，回家作业做不出也不慌，碰到困难也不肯动脑筋，反正有家长陪读这座大靠山，最后送给老师的都是完美的作业，学生的懒惰也不会受到老师的任何批评。

最后，绝大多数家长毕竟不是老师（是老师也不一定有用），对老师布置的作业要求了解不一定专业，你认为是对的，老师不一定认为正确，孩子听老师的，由此又引出家长坚持己见的吼骂，甚至指责老师。所以家长认为完美的作业有时不一定是真的完美，家长又何必去争这个对错呢？（我就碰到过有家长来与我争论评分标准的情况）

家长如果认为我说的有些道理，不妨走出这个陪读的误区，让学生去交自己"原生态"的作业，这样既解放了自己，又有利于学生成长，家长不妨大胆一试。

首先，你可以着重关注孩子是否完成作业，而不要在意作业的对错。如果孩子说老师就是这么教的，你千万不要过于坚持己见，就让孩子按老师的要求去完成作业，真不必那么固执。

其次，如果你看到孩子做作业有明显的错误，应该引导而不是替代。可以提醒孩子注意，或给予孩子一些暗示，千万不要急于吼出答案。如果孩子认为没有错，那就让他把作业交上去，老师自然会去评判。

再次，孩子将答案错误的作业交上去了，你肯定不放心，那可以给老师提个醒（现在联络起来太方便了），引起老师关注，对老师批改作业及调整教学方法和进度，都十分有帮助。

最后，孩子因为答案错误受到批评，你应该庆幸，这就等于检查身体，找到了病因，可以对症下药，这有什么不好？

我们为什么送孩子去补课

现在中小学生参加课外补习几乎成了一种社会时尚，家长谈论起送孩子去培训机构补习，好像很有面子，互相交流经验，以补得多、学费贵为荣。不像以前的家长，说起给孩子下课后补习很是难堪，因为要参加补习的，大都是学习成绩较差的学生。

我曾问过一位资深的初中班主任："你的班级中，学生参加课外补习的有多少人？"她肯定地告诉我："有百分之九十以上的学生参加。"我又问："补与不补，学习成绩有没有很大差别？"她略微想了想回答我："好像也看不出什么大的差别。"那么，我就很自然地产生质疑，既然补与不补学习成绩差别不大，为什么还要去补习呢？不会仅仅是社会时尚的缘故吧。

当然，并不是说课外补习毫无意义，但也确确实实有一部分补习是无用的。要更正这部分无用的补习，减少课外补习的盲目性，首先要想一想，究竟为什么要送孩子去补习？

一是从众型。一个班级有百分之九十以上的学生都参加补习，自己的孩子当然也要去补习。为什么要去补习，只是因为大家都在补习，如果不补习就感觉会吃大亏，就会输在起跑线上。但对补习有什么作用，到哪里去补，都很茫然。许多家长在微信群里到处打听，听听这个有道理，听听那个也不错。

这样选择补习的科目和内容一般都是盲从，不是从孩子的需求出发，而是跟从别人的意见。各个学生之间，学习其实有很大的差异，补习必须讲究针对性，没有针对性的补习当然就没用。譬如，学生学习成绩很优秀了，学习条件也很好，为什么还要挤在师资不如自己学校的培训机构去补习呢？

二是冲动型。一些家长每遇到考试招生政策改变，或者孩子学习中发生了一点问题，马上变得十分敏感，就像没头的苍蝇一样到处乱撞，寻求补习，饥不择食，不能冷静地好好分析。考试招生政策变化真需要做强化补习吗？孩子学习中产生问题一定要通过补习来解决吗？最典型的例子，每年幼升小、小升初的面试，各种信息满天飞，很多家长都不知道该怎么给孩子补习了。

社会培训机构需要生源，具有很成熟的营销策略，往往会针对学生和家长的冲动做诱导性宣传。家长往往经验不足，信以为真，很容易盲从，结果可能既浪费时间又浪费钱财。

三是减负型。家长陪读很累，孩子又不听话，每天吼声不断，有时精神几近崩溃。与其自己管不住孩子，还不如送去培训机构参加补习，有老师看管，多少总能学到点东西。而且趁送出去补习的这段时间，自己也可以喘口气，找回一点自己的生活，岂不两全其美。

这个"多少总能学到点东西"大半是要落空的。在你的严厉强制下孩子都不听话，到了培训机构，就能听老师的吗？培训机构的老师远远不如自己学校的老师有权威。

四是补偿型。家长当年学习成绩不理想，所以现在的工作和收入都不尽如人意。特别希望自己的孩子能有优秀的成绩，能考进优秀的学校，打个翻身仗。但许多家长又不知道如何去改变，唯有自己多出点钱，让孩子去补习，也算尽了自己的责任，至于能否达到目的，只有听天由命。

但是，钱不是万能的，钱买不来好的学习成绩，也买不到好的入学机会。花了很大的代价，就算请到了最好的培训补习老师，但能否提升学习成绩呢？很难说。

还有更多的送学生参加补习的原因，但唯有通过补习提升学生的学习水平，提高考试成绩，才算真正达到课外补习的目的。课外补习不仅是花钱的事，还要付出时间和精力，如果仅仅是因为赶时尚、随大流，这个成本就太昂贵了。

有人问我，那么你说说，怎样的补习才是正确之道呢？我从未改变过我的观点，我在我的书中和公众号上一直强调这个观点，正确的补习方法就是缺啥补啥。一定要去研究，自己缺啥，哪门学科最薄弱，哪个知识点没掌握，如果自己不清楚，可以去做点检测。只有补习方向找准了，补习才会有成效，补习的性价比也才最高。当然，送孩子去课外补习，还要提醒家长注意几点：

首先，学生要有学习动力，对自己学习中的缺失有补习的愿望。如果学生很反感，根本就不愿意去补习，那么家长创造再好的补习条件也没用。人在曹营心在汉，看似每次都去，人也坐在教室里，但补习效果一点也没有。对于纠正学生的学习态度，补习老师是没有这个职责的，与自己学校的老师不一样。

其次，有的学生"缺"的很多，似乎都要补习，那一定不能太性急。我建议你先从相对有些基础的学科补起，这样容易看到成效，从而增加学生学习的信心。千万不要病急乱投医，什么都缺，什么都补，结果什么都补不上来。因为白天还要正常上课，哪有那么多的时间和精力。基础特别薄弱学科的补习，要专门研究补习方法。就像特别亏虚的身子，不能靠人参来大补一样。

最后，选择真正好的培训机构。补课市场鱼目混珠，家长很难识别。一般不必过分相信它的自我介绍，也不必太在意培训品牌，你只需要关注一个事实，给学生上课的老师水平如何和学生听课是否适应。先去试听一下，就会有一些了解。对学生补习效果有决定性影响的还是上课的老师。我常说，选一个好老师比选一个好学校更重要。

家长不知内情，有的培训机构确实十分坑人，家长从新闻曝光中也见到过不少。我亲眼看见一所培训学校，主要是补习小学的语数外，有一个好听的校名，其实只是一个挂靠在某个培训机构下的加盟店，两对夫妻为实际办学者。四人均是没有什么文化的待业人员，白天在外做做临时工，晚上和双休日就做培训。也不知从哪里招来的"老师"，搭个草台班子，地点设在居民区。学生多时也有二三百人，生意还很兴隆。其主要卖点是学费便宜，只有市场价的四分之一。但这种补习，你如果知道内情，还敢去吗？

"三个一"是课外学习的最佳组合

有些家长目光比较超前。都在说，国家出台了政策，小学生真的不需要为升学去培训机构读书，学业负担会减轻，那么余下来的时间去做些什么呢？

有位三年级的小学生，知道我是老教师、老校长，告他父母的状，天真中带着一点儿成熟。他说："我爸爸妈妈就是不让我玩得开心，我开心他们就不开心。我一年级时让我学奥数，现在奥数没了。又新出来少儿编程，非让我去学。我的天啊，我一点也不喜欢，他们太残忍了。"

我忍俊不禁，问他："那你什么都不想学，以后怎么办？"

他很实在地说："什么以后啦，我就想现在不要烦我。学什么奥数、少儿编程，谁喜欢让谁去学。"

父母和孩子想法上肯定有差异，有代沟之说。父母会更多考虑将来，为孩子计之长远。而孩子，尤其是小学生、初中生由于认知有限，只想眼前的多，家里条件越好越不想将来，他们的幸福日子似乎天长地久。

孩子究竟学点什么好？这是很多家长谈论的话题。尤其是今天这个高度重视教育的社会，课外孩子不补习，不学点什么，会被别人视作异类。但大多数家长都是看别人家的孩子学什么，自家孩子也学什么，有点赶时尚。我记得以前一直讲上海有十万琴童，大家都学钢琴，为什么学，很少思考，缺乏对孩子前途的设计。

有一位专门研究教育战略的专家，曾提倡学生课余时间学习"三个一"，学一门外语、学一门艺术、学一项体育运动。我很有同感，希望家长听一听和想一想。

学一门外语。早已成为家长的共识，现在学生谁不学外语。长大以后，想去国外留学，不懂外语，等于没有通行证。依靠学校里的几堂外语课，自己学得很艰苦，可能你学了半天，学的只是中国式英语。就像过去上海人学普通话，非常"洋泾浜"。所以，强化外语显得格外重要。

学外语要学出兴趣来，但学校里的应试英语很难让学生产生兴趣。想要让学生产生兴趣，学习外语一定要与使用外语结合起来。自己突然能用外语与老外对话了，能看懂原版资料了，学生学习也才真正入门了。找一家靠谱的外语培训机构去学习，坚持学习几年，还是必须的。

学一门艺术。绝不是鼓励学生成名成家，也不是建议家长为孩子将来艺考提前做准备，而是让学生提升素养。学生从小学一点艺术，绘画、舞蹈、乐器、唱歌、表演、朗诵等，不求精湛，却意义非凡。一可以增加自己的艺术修养，修炼气质。学过芭蕾的学生走路也有风采。二可以陶冶性情。学业竞争十分激烈,有一块自己的心灵园地修身养性,课堂学习也能静下心来。三可以提升自己在学校中的形象。如果孩子有一门艺术特长,代表学校去参加个什么比赛,往往就会被大家刮目相看。

我举一个学"艺术"过了头的反面例子,足以说明"艺术学生"的轰动效应。有一位高一的男生,学习成绩很差,在班级里人缘也较差,这个"双差"学生却有不少同学愿意与他搭讪。因为他喜欢唱歌,有点明星范。他参加了一次全校汇演,表演迷倒了一片学姐学妹,成了校园之星,他的一言一行成了不少同学模仿的对象。但他穿的不男不女,染发,随意旷课,学校不能容忍,找了家长,要求劝退。他的家长不但不恼怒,反而很骄傲地说:"我儿子正准备与公司签约,将来成了大歌星,你们学校不要后悔噢。"

学一门体育运动。游泳、篮球、足球、乒乓球、排球、击剑等都可以,提高身体素质,有助于学生四肢与脑的协同发展。对学生来讲,还有一个重要的作用,体育好的学生如果有机会代表学校出去参赛,不管输赢,都会被当成英雄。

我工作过的重点中学,篮球是传统项目,篮球队多次获得全市冠军。不少主力队员,都在我上课的年级。当年我是年级组长,常带学生去做啦啦队助威。在关键的赛场,一个关键的投球,漂亮!赢了!当时真想冲上去给他们一个拥抱。这些运动员平时学习成绩较差,纪律也较散漫,班主任对他们很头痛。但当他们投进关键一球时,班主任坐在我身旁,竟像小青年一样站起来高呼,还对我耳语："这些平时成绩差的学生，我今天怎么变得这么喜欢他们。"

　　家长可以想一想，"三个一"的观点是否有些道理，你想安排好孩子的课外学习，学习"三个一"足够用掉孩子的所有课外时间。

为什么总感觉自己孩子
学习状态不如别人家孩子

遇见接了新生的老师，常常会听到他们说："这届学生很差，现在怎么一届不如一届？"

很多家长也一样，常常会说："我的孩子怎么这么差，怎么就比不上别人呢？"当然，从感情上说还是觉得自家的孩子好，但一讲到学习，讲到考试，总感觉没有别人家的孩子好。

其实，这两者都是错觉。我们喜欢用高的参照物来比低的东西，自然就感觉低的东西更低。如果以低的参照物去比低的东西，你会感觉低的东西其实并不低。

接新生的老师大都是从上面年级调下来的，或是送走毕业班下来接新生的，新生与过去的老生比，有年龄差，当然也有能力差。老生与老师还有多年的师生之谊，新生才刚认识，还有感情温差。从过去的老生的高度来看新生，当然就容易造成"一届不如一届"的错觉。如果老师把这届新生带到毕业，参加升学考，考试成绩不一定比原来的老生差。

　　家长总认为自己孩子学习差，也往往是错觉。我们的家长一般对孩子的期望值比较高，而且这个期望值还水涨船高，永无止境。学生的进步也许跟不上家长期望的脚步，很容易造成"我的孩子怎么这么差"的错觉。家长总喜欢拿别人家孩子的优势作为参照值，比优不比差，满眼望去，一片灿烂，回望自己的孩子，当然就心灰意冷，也就产生了"怎么就比不上别人"的错觉。其实，家家都有一本难念的经，别人家孩子的弱势你也许并不知道。

　　家长热衷于学习成绩的攀比，常常只有"比上不足"却没有"比下有余"的心态，对孩子取得的成绩永不满足。有个学生从小学习击剑，成绩优秀进入市队集训，面对朋友们的祝贺，他父母一个劲地谦虚："差远了，差远了！"差在哪儿呢，莫非与奥运冠军相比？

　　有位朋友的朋友来找我，他女儿读高二，想问问我以后高考报什么学校好。一见面，他就愁容满面，他说："我女儿胆子很小，做什么事都没主见。平时做作业速度慢，人家一节课可以完成的练习卷，她总完成不了。每次考试又粗心大意，成绩总排在后五名。你说，这种成绩还能考什么学校？"

　　听了他的话，我就直言不讳地说："如果是这种状况，可以关注一下外地高校的本科。再不行，本市的专科，热门专业也可以考虑。"

　　朋友的朋友听了，脸色马上由谦虚变成愤怒，他说："什么？

只能考到外地去？不要搞错噢，我女儿现在是市示范性高中的学生，我是想问你怎么让她考上复旦大学或上海交通大学！"

我马上道歉："对不起，我只听到了考试成绩排在后五名，不知你女儿是重点高中的学生，失敬，失敬。虽然在学校是后五名的考试成绩，但在普通中学，可能就是前三名。"

其实，我很冤枉，这个不合时宜的建议，完全是被他误导的。他一口气罗列了他女儿学习上一大堆的不是，还有考试成绩后五名的真实数据，我听了，怎么敢给出考复旦大学、上海交通大学的建议。

由于错觉，不少家长对孩子的学习成绩总处于不满的状态，焦虑不安会影响自己的心态，也会影响孩子的心态，使孩子丧失信心。事实上，孩子的学习状况并不像想象的那么糟糕，有的甚至还很不错，我们为什么要沉溺在错觉中不能自拔呢？家长往往是爱之深，也"恨"之切，太希望孩子成龙成凤，也越会不满足孩子学习的现状。

那么，哪些学习状态真正值得家长攀比呢？以我多年当教师的经验，不在学习天赋，更不在考试成绩，有两个观察点值得关注：

一是看谁学习定得下心。凡读书人，该静心时必须静心，不能总是心猿意马，屁股坐不住。如果屁股坐不住，怎么去学习知识和技能，学习是需要专注力和持久力的。所以许多民办中小学招生面试时，将学生学习是否心静作为一个主要的考查点。

二是看谁喜欢学习。学生学习有时会偷偷懒，上课有时会走走神，做作业有时会叫苦，这并不妨碍他们对学习的喜欢。我讲的

"喜欢"是指对学习的感情。有的学生骨子里就讨厌学习，一看书就想睡觉，老师上课一句也听不进去，视教室为牢笼，视学习为苦役，能逃一时是一时，厌学已成为一种常态，这就是真的不喜欢学习。

承认学生差异性，家长思考更理性

有一次偶遇一位重点高中的老教师，她告诉我，儿媳得了焦虑症。为了读小学二年级的儿子，半夜打电话给婆婆，人几乎要发疯了。事由很简单，当年小夫妻俩千方百计将儿子送进了一所民办小学，十分欣慰，为宝贝儿子提供了一个优质的学习环境，同时，在亲戚朋友间也挣足了面子。但没有高兴多久，儿子在学校的表现处处不如其他同学，夫妻俩因此憋了一肚子气。到了二年级，不良表现更是变本加厉，儿子上课睡觉，下课打架，课堂提问什么也讲不出。老师几乎天天告状，妈妈的情绪终于崩溃了。她现在只能降低要求，只要儿子的学习成绩不要成为班级的倒数第一，就是上上大吉了，但也常常不能如愿。

夫妻俩最大的不解是，爸爸是大学老师，妈妈是机关干部，智商、情商都不低，怎么会养出一个不爱读书的儿子？

他的奶奶，重点高中的老师也无解，她对我说："小孙子怎么没得到父母优秀的遗传基因呢？"

其实，孩子的妈妈实在是多虑了，她的孩子才上小学二年级，怎么就能认定将来不优秀呢？是不是有些过度焦虑？再说基因的遗传是一个很复杂的过程，两个酷爱读书的父母，不一定就能养一个优秀的学霸。他们的"不解"有些一厢情愿，导致了对孩子的误判，也导致了自己情绪的失控。看看我们现实生活中，"老子英雄儿好汉"的例子并不多见（肯定是有的），不少大作家、大明星、大科学家的后代大都成了普通人，一代不如一代的例子从古至今俯拾皆是。

所以，学生学习方面的差异是客观存在的，关键还在先天条件和后天因素的影响，二者决定了学生的学习能力和学习成绩。父母优秀只是一个有利但是不起决定作用的因素。作为父母，你关注孩子，有一个重要的任务，就是客观地判断自己孩子学习的真实状况，在此基础上定位期望值，你的思考才更理性。

当然，几乎所有的家长都盼望自己的孩子有良好的学业发展，将来能成龙成凤。愿望很美好，但现实很骨感，期盼拔得越高，可能失望也越大。有的家长甚至患上焦虑症，但这还不是最坏的结果，如果孩子得了焦虑症，情绪不稳定，心理不健康，就可能毁了他一生。

任何时期，任何地区，优秀的、普通的、薄弱的三类学生在学生总数中都有比较稳定的占比。采取改革措施，提高教学质量，只能提高整体水平，但改变不了学生之间的差异。总有学生列入前十名，也有学生列入后五名。

几年前，曾有一位区教育局局长跟我们讲述了一个观点。大致的意思是，当时各区县都在争评上海市示范性高中，评得越多越好。同时，又让这些名牌学校到处开分校，名牌学校连锁化，有些区几乎每所学校都变得光鲜亮丽，但有什么实际意义呢？学生还是这些学生，无差别化地都进入了"名校"，教育质量并没有提高？我们区就不做，我们坚持因材施教。

这番话我认为讲得极好，不考虑全区孩子的差异性，都进入名牌学校，都要培养成高才生，是欺骗家长呢，还是欺骗自己？

家长如果承认学生的差异性，就能够客观评价孩子的学习状况，就不会错误择校，也不会盲目课外补习，更不会每天焦虑抑郁。对家长自己，对学生都将受益无穷。

有些现实也会让家长清醒。我接触过很多家长，发现随着孩子年级的升高，家长对孩子的期望会越来越理性。最狂热的是幼儿园、小学的家长，到了中考之后，家长往往就有了接受现实的心态，到了高中，家长对孩子的发展更为理性，没有了孩子幼儿园时的狂热。家长在客观现实面前逐渐承认了学生的差异性，这是必然的趋势。

但是，如果当你的孩子还在低年级时就有这份理性，岂不更好！

有家长听了我以上的观点会感觉沮丧："从小对孩子的成长充满了美好的期望，照你这么说，我们做家长的最终都将失望？岂不是给我们满腔热情泼上一盆冰水？"其实，我是帮家长走出对孩子认知的误区。我们当然要从最好的方面去鼓励孩子，让他感觉自己是最棒的，但也要从最现实的方面做理性的决策，这样，家长才不会因失望而痛苦。

做个淡定的家长，孩子学习会更好

我们讲适度焦虑有助于提升学生学习的主动性。那么，如果家长也焦虑，会有积极意义吗？其实，这完全是两码事，家长如果为了孩子的学习焦虑，大都有害无利。所以，建议你还是做一个淡定的家长，虽然并不容易，但应尽可能去努力，因为你的淡定有利于孩子的学习。

困难的是现在的家长大都不淡定，其焦虑程度远超学生。一些学生学习不温不火，但家长焦虑得近于疯狂。

有一位高中女生，为了她的学习，母亲得了严重的焦虑症。她母亲总担心女儿会在高考中失败，高中三年充满危机，担心她将来考不进好的大学。从高一开始，她就到处托人给女儿补课，不管学习成绩怎么样，凡高考科目，门门都要补习。这位母亲整天穿梭于各种培训机构，打探了解行情，女儿被她牵着鼻子团团转。女儿很懂事，为了让妈妈开心，即使不想去补习，也硬着头皮去，有时还舍弃宝贵的复习时间，天天早出晚归。母亲则天天在家等女儿补习回来，再晚也等，一直到女儿平安回来她才回房睡觉。为了能让母亲早点睡觉，女儿补习课一上完，第一时间匆匆赶回家，补习没懂的知识也没时间问老师。就这样母亲天天神经紧绷，夜夜等候，终于开始失眠，每天睡不着觉，有时半夜三更会到女儿房间讨论考哪所大学，最后精神恍惚，只能求医诊治了。其实，她所有的焦虑全是多余的，她女儿的成绩本来就非常优秀，在重点高中都是名列前茅，后来考上了复旦大学。有人说，女儿考上复旦大学，母亲患焦虑症也值得。但理性分析一下，女儿高考，母亲的焦虑究竟是帮助还是干扰？

再举个例子。每到升学季，为了择校，家长平时省吃俭用，此时却慷慨万分，"再穷也不能穷了孩子"。我听到很多，家长动辄表示，赞助费出个三四十万都可以，甚至有家长表示出个上百万赞助费也没问题。在择校焦虑的刺激下，家长连最起码的性价比也不考虑了。且不说学校不能收赞助费，即使能收，什么样的教育值这么高的价？三四十万甚至一百万，这些费用将来用在孩子教育上，可以获得更好的学习条件。

焦虑远远不止于择校。进了学校之后，孩子的学习达不到家长的预期，家长焦虑更严重，每时每刻都不轻松。我们过去也曾是中小学学生家长，与现在的家长比，我们淡定得多，至多是期末考试结束后有些小紧张，一晃就过去了。那么，现在的家长怎样呢？

我们所处的时代已发生了很大的变化：

首先，互联网时代，家长微信群提供了信息便利。与别人家孩子攀比大概是家长的天性，过去的范围只局限在邻居家的孩子、同事家的孩子，空间相对有限。现在，只要一个群就把四五十位家长集聚在一个平台上，班级中每个学生的情况，甚至社会上学生的信息都可以即时传播。别人家的孩子考试成绩很优秀，你能淡定吗？别人家的孩子课外都在补习，你能无动于衷吗？别人家的孩子获得这个奖、那个奖，你能装作没看见吗？自己的孩子可能一般般，于是莫名焦虑似一片野火，刹那间熊熊燃起。

其次，独生子女时代，"只有一次机会"的观念从未如此强烈。到目前为止，独生子女还是占大多数。过去的家庭养育四五个子女很常见，诸多子女似乎总有成功的希望，而且子女多有时会顾不过来。独生子女时代，一个家庭往往只有一个孩子，孩子的成长过程也只有一次，成败在此一搏，所以家长对孩子的学习从未如此的重视。我在学校做领导时，常常提醒班主任，一个学生出问题，对学校而言可能只是几千分之一的失败，对独生子女家庭而言就是百分之一百的失败。可想而知，一个孩子的学习，怎么会不紧紧揪住家长的心！

最后，培训机构时代，补课几乎成为不可或缺的学生第二课堂。过去学生补课是偶尔为之，学生哪门课成绩差，被老师叫到办公室帮助辅导一下。现在，学生补课就是一个庞大的产业，走到马路上，睁眼就能看到培训机构的牌子和广告。大多数培训机构为了销售火上浇油，家长本身就很焦虑，一拍即合，更煽动了焦虑情绪。最典型的是，许多懂教育的老师也争相送孩子去培训机构补习。焦虑像病毒一样，传染给了每一个人。

适度的焦虑会引发学生的学习自觉，但家长不是学生，不能替代学生学习。家长的焦虑行为主要有以下一些表现：给孩子报培训班，择校的过激态度和做法，过度叮嘱教育，严格管制孩子，如不允许玩游戏机、规定起床和睡觉时间之类。

那么，为什么说家长的焦虑有害无利呢？因为焦虑引发的行动，大都是家长主观意愿的表现，而焦虑又使家长的意愿趋向偏执，行为趋向独断，判断走向盲目。家长的主观意愿孩子并不一定能理解和接受，于是，与孩子的矛盾就异常激烈。家长常常以过来人的心理坚持己见，有时矛盾会更加激化，严重的还会走向极端，发生悲剧。

家长很伤心，这不都是为孩子好吗？主观上肯定是为了孩子，这没有疑义。客观效果就很难说了。很多家长其实并不真正懂教育，也不懂孩子心理，他们坚持的"己见"，往往是在与别人家孩子的比较中领悟的，也可能是培训机构"引导"的，很多时候是焦虑状态下的一种盲从。

譬如出国留学，本来是学生继续深造的一个选项，以前都是学习拔尖者才有机会。现在不知从哪里传来的信息，说是国外学习轻松愉快，获取文凭比国内容易。于是，就形成了出国热。其中有很大一部分学生并不适合出国，国内中文还没学好，考试都不及格，出国留什么学？现在送出去并不难，但学有所成就不那么容易了。在国外留学只是混张文凭镀镀金，回国又找不到好工作，这样的"海归"现在不少见，大部分就是当年焦虑下的盲目抉择。

所以，建议你努力去做一个淡定的家长，你淡定了，就能理解我前面所有的分析，许多焦虑实际上是有害无利的。你淡定了，指导孩子学习就不会急躁。你淡定了，思考问题就会更加理性。你淡定了，孩子被动学习才可能转化为主动学习。

譬如，你淡定下来就会发现，自己的孩子与其他的孩子是不一样的，他有自身的优势和劣势，扬长避短是孩子成长的一个重要选择原则，何必处处以别人家的孩子为参照物呢？有的孩子喜欢学习，有的孩子不喜欢学习，有的孩子对自己的爱好很痴迷，有的孩子对任何事情都不感兴趣，我们老师见得很多，教育的主要作用在于正确的启发和引导。

有一位当医生的朋友曾经给我说过："世界上三分之一的病通过治疗会好的，三分之一的病不用治疗也会好的，还有三分之一的病，再怎么治疗也不会好。"如果这句话用到学生学习上，我们能否这样说："在学校里，有的学生多教教，成绩会很好，有的学生不用多教，成绩也会很好，有的学生再怎么教，成绩也不会很好。"这样想，家长是否面对现实更加理性，从而减轻一些焦虑呢？

家长要善于挖掘孩子缺点中的优点

每个孩子在父母心中都是宝贝，孩子学习成绩不好，父母即使恨得咬牙切齿，那也是恨铁不成钢。譬如有的家长陪读，孩子作业老做错，家长就会口无遮拦地责骂"废物""脑子进水了"等，似乎孩子一无是处。尤其是讲到别人家孩子的优秀时，顿时英雄气短。但这也只能是自己责骂，如果指责出自别人之口，家长心中一定极其不爽。有位青年教师初出茅庐，在与家长交流时，家长坦陈自己当年学习成绩很差，青年教师真诚地讲了一句："这孩子智商比较低，会不会是遗传？"家长即刻勃然大怒，一直闹到校长室，非让老师赔礼道歉不可。

你骂孩子"废物"之时，只为宣泄一时之愤，但有没有想过，这对孩子将会产生什么样的影响呢？孩子要么听腻了，习以为常；要么听烦了，怀恨在心；要么自认为是"废物""笨蛋"，破罐子破摔。作用几乎都是负面的。

但如果能发现孩子身上的优点，特别是能从孩子的缺点中挖掘出他的优点，哪怕只是一点点闪光点，也给予及时的肯定，你就是一个很有智慧的家长。

也许你听过"四颗糖"的故事。著名教育家陶行知先生在学校里看见一个男生用砖头扔向另一个男生，陶校长当场制止，并要求他下午3点钟到自己办公室谈话。男孩子准时到达，心中忐忑不安。陶行知特意买了一包糖果进来，笑着走到男孩跟前，给他一颗糖说："这颗糖是给你的，因为你很守信，没迟到还提前到。"接着又递上第二颗糖，说："这也是给你的，我让你住手，你就立即住手了，说明你很尊重校长，尊重别人是最重要的品质啊。"接着又拿出第三块糖给男孩，说："据我了解，你拿砖头扔同学是因为他欺负女生，这说明你很有正义感，我再奖励你一颗。"男孩十分感动，说："校长，我错了，同学再不对，我也不能采取这种方式。"陶行知听了心花怒放，又掏出第四颗糖，说："你知错认错，实在难得，不得不再奖励你一颗。我的糖发完了，我们的谈话也结束了，回去吧！"

现在的人，听了这个故事会有不同看法。有位老师就跟我说："时代不同了，这种方法在今天的学校肯定行不通。那时非常讲究师道尊严，教师有绝对的权威。现在的学生根本不服管教，打了人还给糖吃，明天杀了人你还要给他发奖金吗？"

时代确实是不同了，但我感觉到，以理服人仍是树威的好方法，对老师如此，对父母也是如此。对学生的一个错误行为，只要引导的好，就有可能向正面方向发展，也为教师或家长树立了威信。陶行知先生给了打人的孩子四颗糖，不是奖励他的打人行为，而是肯定他"守信""尊师""有正义感""知错认错"的品质，而且讲的句句是实话。那个孩子听了，就有可能朝着这些方面去发展，因为他得到了正面的鼓励。

所有的家长都可以试一试，自己的孩子自己最了解，你的视角只需要换一个方向。

首先，是缺点，有时也是优点。家长要慧眼识"英雄"，能从缺点中看到优点，这是真水平。用表扬替代批评，教育效果一定好。譬如，孩子上课随便插话，会影响老师上课，这是缺点，但也可能是孩子思维敏捷、积极发言的优点。这远比那些上课无精打采的孩子强得多。你如果能在指出他缺点的同时，也告诉他的优点，孩子不仅更愿意接受，也更会往好的方向发展。

其次，有缺点的孩子才是正常的孩子。10多岁的孩子，尤其是男孩子，做出一些异于成人的举动很正常，也可以被原谅。至于将来会不会变坏，肯定不能以现在做错事来预判。我接触过许多学生，不论是好孩子，还是"坏"学生，懒惰、逃课、说谎、拖拉作业几乎都会有。男孩用砖头扔另一个男生，在学校里肯定是个严重错误，陶行知能原谅他，还从中看到了男孩的正义感，这就是大教育家的情怀。

最后，优点需要用赞扬来培育。你看自己的孩子几乎没什么优点，甚至认为孩子将来会成为一个废物，如果把这种情绪感染给你的孩子，那么他会不断强化"我是一个坏孩子"的意识，有了这种负面暗示，你要培育他的优点也就很难了。相反，如果家长能多做正面肯定，即使是缺点，也能引出优点，情况就会完全不一样。譬如，你跟他讲道理，孩子强词夺理，你肯定要严厉批评。但过后，你在适当的时机，肯定他雄辩是非、坚持己见的个性，其效果一定比你一味指责、反驳要好得多。

对孩子，表扬他努力比表扬他成绩更重要

我曾问过家长："在学习上，你平时对孩子表扬最多的是什么？"家长不假思索地回答："当然是考试获得好成绩。"我又问："孩子很努力了，但考试成绩不好，你还表扬吗？"家长想了想说："那还表扬什么？努力全白费！"我启发家长："努力学习的态度是很宝贵的。"家长自嘲："努力学习的态度？高考时能加分吗？"

由此引出一个话题，学生考试没能取得好成绩，但很努力，该不该表扬？这不是件小事，因为表扬是老师和家长经常使用的教育方法，对学生的心理具有很强的引导作用。

我认识一位家长，是一名警察，虽然不从事教育工作，但他对教育有着自己独到的见地。他对朋友、亲戚讲到儿子，春风满面。儿子学习比较努力，他就非常满足，考试成绩不好，他只当没看见。他有一句口头禅，常挂在嘴上："我儿子不得了。"他见了我，夸张地说："今年，我本来计划带儿子去旅游，儿子主动提出不想去，说要中考复习，我儿子不得了！"有时又故作惊讶地对我说：

"他决定每天坚持背五个英文单词，背不出不睡觉，我儿子真不得了。"但他从不跟我讲他儿子的考试成绩，因为我知道，他儿子历来考试成绩在全班垫底。

这位警察朋友怕我嘲笑他死要面子，曾很实在地跟我解释。他说："我们当警察很辛苦，风里来，雨里去，危险性很高，要是案子破了，立功受表扬，如果破不了案子，什么都没有，还很没面子。但是，没有功劳也有苦劳吧，没有苦劳也有疲劳吧，领导怎么不表扬表扬我们的疲劳？没有精神支撑，什么案子也破不了。所以，我对儿子，一定要表扬他的'疲劳精神'，考试成绩算什么，精神状态好才会有好的成绩。"

他儿子也许真不是读书的"料"，凭他的学习能力，什么大学也进不了，但凭他的努力，考进了一个分数线很低的外地本科院校，这也算是奇迹。这么多年，与其父的表扬政策也许大有关系吧。他见到我，非常自豪地说："我儿子读大学，虽然在外地，但这个专业培养的是紧缺人才，将来毕业，不得了，不得了。"

有一种很流行的教育观念叫赏识教育，要求老师和家长常常翘起大拇指表扬孩子，让孩子在表扬声中培养自信。与之相反，则是虎爸、虎妈教育，训斥加棍棒，让孩子在骂声中成长。我相信这些都有成功的案例。但是，一定要因人而异，使用不当，教育失败，后果很严重。日本杰出的教育家多湖辉曾非常明确地说过："对外向型的孩子以斥责为原则，对内向型的孩子以夸奖为原则。"

警察的儿子考试成绩不好，再严厉斥责他，有用吗？他很努力，激发他努力的潜能，给予精神鼓励，这是最好的方法。我也不主张赏识教育只有表扬，没有惩罚。我们可以分成四种情况，分别对待：

一是很努力，成绩很好。当然是表扬，肯定努力的作用，有了努力，才有好成绩。

二是不努力，但成绩很好。这不用表扬，也不用批评，但要告诉孩子不努力的后果。随着学习的深入，小聪明是没有用的。

三是很努力，但成绩不好。要格外表扬，表扬他的努力，肯定他的成绩。已竭尽全力，虽败犹荣，获得的成绩不理想，但实属不易。重在鼓励他保持这份努力。

四是不努力，成绩不好。必须批评，甚至处罚。着重批评的是不努力，成绩不好是不努力的结果。

所以，我的看法很明确，在对学生运用表扬的方法上，一定是学习态度在先，学习成绩在后。学习态度改变了，学习成绩有时也会改变。学习态度不好，学习成绩再好也不会持久。老师和家长不要吝啬表扬学生的努力，学生很需要，学生会很感动。有一次，我在全班表扬一位考了班级倒数第五名的学生，病假了三个月，靠自学完成学业。以后，他始终感念这次表扬。表扬的成本很低，动动嘴，给个笑脸而已，经济又实惠，我们为什么不多用用呢？

当然，表扬孩子时，要注意两点：一是表扬要真实。值得表扬才表扬，不能给孩子乱戴高帽子，让人一听就很假。二是表扬要及时。能发现一点就肯定一点，不受缺点的影响，没有功过相抵。那位当警察的家长，听到儿子说背不出英语单词就不睡觉，"真不得了"，表扬的是儿子的学习态度，"不睡觉"是否有效果，真还不得而知呢。

家长包揽一切，孩子永远长不大

中小学生家长将孩子紧紧攥在手里。上课、作业全管，吃喝拉撒全包，服务一条龙。但你有没有想过，把这样的孩子送进大学将会发生什么？现在幼小衔接的课题很多，中大衔接的课题好像研究者寥寥。

不知是否有人关注过 2020 年 2 月 7 日《文汇报》的一篇文章，标题是《十年大学终退学，28 岁的我重新高考》。2011 年，化名为"小难"的学生考入某大学医学院，七年制本硕连读。进入大学后，连连挂科。学习不能说不努力，但始终适应不了大学生活，不适应专业学习。延长了三年的学习，仍未达到毕业标准，整整十年的大学学习换来了一张结业证书。后来，他第二次参加高考，重新成为大一新生。

怎么会这样呢？"小难"自我分析第一个原因："如果自己不喜欢这个专业，要么踏踏实实地抓住学校转专业的机会转去心仪的专业，要么好好学习本专业的课程，要么立马退学复读重新参加高考。"我看了这段话，第一感觉是，这位大学生基本没有自主能力和决断能力。上海交通大学一位金牌辅导员对此分析："大部分学生都是在父母'管教'下成长。到了大学，缺乏'管教'后，他们很容易丧失自制力。高中时还有高考作为目标和指挥棒，但到了大学，多元和广泛的目标，加之缺乏'监督'，学生很容易迷茫。"这番分析很到位，高中的好学生变成了大学的挂科生，失去了"监督"而无所适从。

《文汇报》的文章能否给我们中小学老师和家长一个启示，现在包揽得太多，对学生进入大学学习是有害的。

据说高中优等生变成大学学困生不是个别现象。高中学习有固定的教室，有专职班主任，有高考的明确目标，生活上有家长无微不至的关怀。到了大学住校学习，去不同的教室，老师上完课就走人，辅导员也不是天天见。这些变化使学生一下子感到不适应，过去家长包揽得越多孩子越不适应，就像从玻璃暖房中走出来到了空旷的大自然，显得手足无措。

我们懂得了这个道理，可以随着孩子年级的升高，对他们的看管由精细化向宽松化发展。譬如，一年级小学生学写字，老师要求在格子本上方方正正地写，一笔一划都不能马虎。到了中学，书写只要看得清，不写错，就可以了。到了大学，做笔记，只要你自己能看懂就行。如果一味要求学生写字方方正正，显然就不合适了。

对学生的管理，家长与老师是不一样的。家长的任务，学习上以督促为主，生活上以包办为主。但有些家长比较强势，孩子的一言一行都要掌控，甚至包揽了老师的工作。孩子在获得良好服务的同时，也失去了自主权。而且这样的掌控和包揽一直到高中，导致孩子根本不会有自主的选择，甚至不会自主地生活。那个读了十年大学毕不了业的"小难"，也许就是一个被控型的孩子。他挂科的主要原因是不喜欢这个专业，那么为什么当年要报考呢？

我曾看到一位陪读的妈妈，她儿子小学四年级，应该具有相当的学习能力了。儿子做作业，她陪坐在边上，做好一切"后勤"工作。作业本、课本帮孩子从书包中拿出来。练习册翻到今天要做的那一页。打开练习本，将垫板垫在练习纸下。铅笔一支支削好备用。桌上还准备了餐巾纸、饮料。做作业的一幕更"精彩"。孩子练习做错了，她忙着用橡皮擦掉，还不断地用嘴吹干净，孩子做错的多，她忙得气喘吁吁。孩子做作业时就像"小皇帝"，长期下去，以后怎么面对中学、大学的学习？

如果你想让孩子成为学习高手，想让孩子的学习由被动走向主动，那么逐步放松"管教"是很重要的培育策略。孩子上了中学以后，家长可以在四个方面试着放手：

一是不要再陪着孩子做作业，让他一个人独自完成，家长只要检查是否完成了。高中学生连是否完成了也不需要去检查，只要与老师保持联系，掌握情况就可以了。有的家长盯着孩子做习题，哪个步骤在前，哪个步骤在后，也要拼命"管教"，孩子根本无法独立成长。

二是逐步让孩子决定自己学习方面的事，至少要充分听取孩子的意见。譬如选择选修课，参加课外活动，要不要去课外补习，报考什么学校和专业等等。这些方面，家长不要低估孩子的思考能力。你尊重他的决定，他就有思考的积极性，你全替他思考了，他就懒得去思考，甚至不会思考了。等孩子读了大学，家长不可能跟着去再帮他思考。

三是学生会做的事一定让他自己去做，主要指生活中的事。孩子说不饿，那少吃一顿饭又如何，真的饿了他自己会去吃。孩子说不冷，少穿一件衣服又如何，真的冷了他自己会去穿。家长要有放手的信心。

四是让孩子直接面对学校里的各种活动和矛盾。在一个集体中有许多活动，也一定有许多矛盾，让孩子自己去决定或处理，不需要家长处处冲锋在一线。我有时看到有学生家长动不动带着孩子到学校来讨说法，有时学生间的矛盾演变成家长间的矛盾，学生缩在家长身后，可怜巴巴的，怎么会长得大。

其实，家长何尝不想放手让孩子自己去成长。我有时看到，家长面对孩子独立自主的学习会由衷地高兴。那么死不松手的原因是什么呢？就是百般不放心。但家长一定要知道，当依靠变成依赖，很多学生是不会自然成熟的，不给他们独立面对的机会，那么"小难"的遭遇极可能在你的孩子身上重演。

考前，家长的絮叨是大忌

　　学生参加考试，是学习生活中的一件大事。有些家长比学生更紧张、更焦虑。考试前夕，有说不完的叮嘱，唯恐忘记了什么重要的事情。

　　有位家长，每到孩子要考试了，她就寝食难安。一天晚上，突然想到有一句话要关照孩子，她冲到孩子的房间，只见孩子已经睡觉了，无奈回到自己房间，把这句话写下来，怕第二天忘记告诉孩子。第二天起床忙忙碌碌做早点，等她想到昨天要讲的话，孩子却又上学去了。她着急啊，竟不顾一切地叫了出租车匆匆赶到学校，要给孩子讲这句话。但学校不让进，她只能反复央求门卫无论如何要把这句话转告给孩子。门卫虽然答应了，却对她摇头苦笑，似乎把她当傻子，又刺激了她。她把这件事告诉了我，想获取我的安慰，却引得我哈哈大笑。尽管她始终没告诉我她要给孩子讲的是句什么话，但不外就是这么几类意思：

　　第一类，叮嘱孩子抓紧最后的复习时间，不能有丝毫放松。

"马上要考试了，抓紧呀。"那些重视考试的学生本就不会浪费时间，那些忽视考试的学生只会当耳边风，仍然无动于衷，说与不说基本一个样。

第二类，用过去的教训警示孩子，希望能接受教训。"别忘了上次考试成绩，我都没脸见人。"旧话重提，老生常谈。毕竟还是中小学生，怎么会因此就卧薪尝胆、奋发图强呢？只会给孩子徒增几分难堪。

第三类，提醒孩子考前的准备工作。什么笔别忘了带啊，准考证别忘了带啊，手机要关机啊，等等。甚至早饭吃什么、考试那天穿什么衣服等，事无巨细，能想到的都要提醒。虽然都是些很实用的话，但孩子也许并不以为然。

尽管这些絮絮叨叨的话对孩子的考试起不了多大的作用，但很多家长习惯成自然了，可怜天下父母心，絮絮叨叨成了一种心病。有位朋友跟我说，她的孩子读初中，自己坐公交车上学，每天送孩子上汽车前，朋友都要叮嘱一句："别坐过站噢。"有一天忘了说，竟然一整天都心神不宁。虽然她安慰自己肯定没问题，但最终还是让老公去学校证实孩子平安无事，她那颗心才放下来。

同样道理，考前家长絮叨有时也是一种心病，似乎自己哪些话没有说到，或没有做好，一定会影响孩子考试。生怕孩子考试时掉链子。为了考试，父母将服务做到了极致。其实，很多是多余的。有一年高考，我是考点主考，被门卫叫到校门口去处理一件尴尬的事。一位母亲非要闯进考场，理由是她女儿忘了带水杯。她匆匆赶回家去拿，又匆匆赶到学校，所以一定要把杯子送进去。这个时候，门卫当然不能让她进，也没时间帮她找女儿，但告诉她，真要喝水，学生举手示意老师会解决的。但她仍蛮不讲理地威胁，女儿考不好要找学校算账。

对父母来讲，考前絮叨既是一种责任，也是一种习惯。有些父母，平时工作忙无暇顾及孩子的学习，临考前再忙也要来絮叨一番，以示助力。虽然用心良苦，但效果不一定好，反复的叮嘱有时作用是负面的。

首先，加重了考试的负担。几乎所有家长的叮嘱不是提出考试的目标（有的脱离实际），就是催促抓紧时间，这些话就似万箭齐射，箭箭刺向学生考前的神经，使得有些学生本已脆弱的考试心理更加不堪重负，尤其进了考场，会变得格外患得患失。我经常发现，有的学生平时学习成绩一般，考试却超常发挥，他没有思想负担，身上没有包袱。有些学生平时学习成绩很优秀，考试反而失常，往往是压力太大，怕自己考不好无脸见江东父老。

其次，干扰了学生考试的情绪。学生讨厌父母不停地絮絮叨叨恐怕不是个案吧。到了考试前夕，家长在他们耳边不停地讲这讲那，当然会不胜其烦。即使再有价值的金玉良言，也如同对牛弹琴，获得的唯一回报是逆反。前面那位非要送水杯进考场的母亲，等女儿出了考场后反而对她责备了一通，女儿感觉伤了自尊。

最后，养成了孩子的依赖性。父母在考前的絮絮叨叨是对孩子考试的关心和指导，想得周到又细致。那些本来就不上心思的孩子更不爱动脑筋了，一切由父母包办代替，本该属于自己做的准备也不做了，本应该有的适度紧张也没有了，参加考试怎么会有好的效果呢？譬如，考试时间，本应是考生自己牢牢记住的，有的父母往往越俎代庖，虽换来了孩子准时赴考，却淡薄了孩子的时间观念。

那么，孩子临考，父母应该做些什么呢？我的建议是四个字：一如往常。

考试的最佳状态是保持平静，适度紧张。

先讲保持平静。考试前，过去学生的学习和生活是怎样的那么还是怎么样，不要故意发生变化，不需要好吃好喝伺候，也不需特别请假在家陪读，即使为了有助于考试，有所变化，也要润物细无声，尽可能不要让孩子有异样的感觉。平静的心态有利于思维的正常运行。如果你天天絮叨，就打破了这个平静。有的家长为了讨吉利，穿上大红大紫的旗袍去送考，希望旗开得胜，但这却彻底打破了考生考试的平静心态。

再讲适度紧张。绝大多数的学生考试都会有紧张感，过度的紧张，心跳不已，一身冷汗，肯定不利于考试。而适度的紧张能使思想高度集中，调动体内的一切资源，应对考试，达到解题的最佳状态。如果考前父母的絮叨中有过多过高的要求，往往会使学生背上沉重的包袱，引发过度紧张，极其不利于考试。

辅导功课，是孩子笨还是你不会教

很多家长说到给孩子辅导功课，常常会怒气冲冲，责怪孩子太笨。讲了多少遍，还是不理解，仍然记不住，怎么这么笨呢？

教不会孩子，家长陪读往往就会失去耐心。上演的剧情大致相同，先是声调拔高，分贝直线上升，接着直接报出答案，且满怀鄙视，连这些都不懂！最后，或是拂袖而去，或是拳脚相加，一口怒气，全靠惩罚发泄。

我曾看过一个小品，是夫妻两人辅导孩子功课的一场闹剧。妻子在家小书房陪读，骂声连连。丈夫听不下去，走进小书房，要求妻子有点耐心，道理讲了一大堆。妻子如遇救兵，急忙说："你来吧，你理论一大套，实践一下吧。"丈夫受到鼓励，信心满满地坐在孩子旁边陪读。妻子走出小书房，还未来得及喝口水，只听见丈夫的骂声远超自己。只一会儿，丈夫从小书房里跳将出来，如逃离魔窟一般。夫妻俩互相指责，谁把笨的基因传给了孩子。

能只怪孩子太"笨"吗？怎么就不看看自己的辅导水平呢？别

以为这点知识内容对你来讲是小菜一碟，要把它教给孩子，而且要让孩子学会，却也需要一番功夫。你的学历哪怕是硕士、博士都没有用，把知识教给孩子，是一门专门的学问。

我还是青年教师的时候，我们学校有位非常有名气的教师，社会上很多畅销的教辅书都是他编写的，我们都十分崇拜他。但只有上过他课的学生知道，虽然他满腹经纶，却表达不出来，自己讲不清楚，学生也听不懂。凡是他去上课的班级，埋怨声一片。家长更是担心，将来考试怎么办？虽然这位老师名声在外，但不受家长和学生欢迎，因为他不懂上课的"学问"。

我曾很细致地观察过家长的陪读，不难发现，辅导中的诸多做法是无用的，甚至是有害的，使自己和孩子都受伤。

一是大吼大叫。孩子或做不出习题，或做错了习题，反反复复，家长的情绪马上变得怒不可遏，吼声不断上升，甚至连吼带骂，也许一天的上班也没如此劳累。但有用吗？除了发泄一下自己的情绪之外，基本有害无利。不信你自己试试，当在解一道题时，边上声音震耳欲聋，你怎么思考？而且这声音不是好听的音乐，是冲着孩子的责骂，骂声干扰着孩子的思考，恐惧反而使他头脑一片空白。

语言是传递信息的工具，家长给孩子辅导功课，轻声细语与大吼大叫，其信息输出是一样的，效果也是一样的，那么为什么要吼叫呢？吼叫并不会有利于孩子茅塞顿开。

二是包办代替。有些父母做其他事可以表现出极大的耐心，但在辅导孩子功课时，却常常极不耐烦。家长往往忘记了自己与孩子的年龄差，要求孩子与自己有一样的解题能力和记忆能力，达不到就急躁，甚至替代。与其孩子磨磨蹭蹭不会做，不如干脆我来教你做（实际上是替你做），试题答案脱口而出，既不引导，也不启发。有时感觉不妥，自我安慰："下面试题你要自己做噢！"但做下一题时，又不耐烦，故伎重演。

家庭作业的作用是培养学生独立思考的解题能力，家长大包大揽，作业的意义就完全没有了。

三是一丝不苟。做作业一丝不苟，这种学习态度值得肯定。但我反对过分严苛，为难学生，因为这种严苛近乎迂腐。譬如，按时完成作业，家长往往视作铁律。但有时按时完成不了，怎么办？听说有的小学生晚上做作业要做到 12 点钟，这实在是骇人听闻。其实，各科老师每天布置作业并不统一协调，很难按教育部门要求控制总量，所以学生每天的作业量有很大差异。再加上每位学生解题速度和能力也不一样，学生完成不了作业，第二天到学校跟老师说清楚，我认为完全没问题，没有必要克扣睡眠来追求"按时完成"。

学生睡意蒙眬地做作业，基本是没有什么效果的，且严重影响健康。

因此，怎么才能让学生学懂学会，这不仅仅是一门学问，更是一门技术。是技术就需要训练，才会熟能生巧。师范院校有门课程叫"教材教法"，就是教老师怎么上课的。老师师范毕业后到学校教书，都有教研活动，是专门研究怎么教学的。教育理论中有许多先进的教学方法，包括教学改革，怎么提高教学效率等等。所以，从教书这个职业来说，老师是经过专门训练的，是专业人士，这是不容置疑的。

　　家长在家辅导孩子功课，从广义上来说，也属于教学范围，但与老师相比，毕竟不是专业人士。所以你在责怪孩子太笨时，千万别忘了，可能是自己"教学水平"有限。家长给孩子辅导，最佳状态也就是能清楚讲解试题，能准确回答疑问，这种方法很传统。我参与中学高级教师职称评审，听老师上课，如果他只能照本宣科，只能师生间一问一答，我给予的评价是负面的，"教学方法陈旧"。

　　我讲这个话题，目的只有一个，告诉家长，陪读效果不佳不一定是孩子太笨。建议只有一个，专业的事情最好还是交给专业的人去做。如果必须家长来做，那么至少不要发火或焦虑，能做多少是多少。最近，教育主管部门提出，不允许将教学任务转嫁给家长，我举双手赞同。

学生"自觉学习"是一种奢望

陪孩子读书，家长最艰苦的时期是孩子读初三时，最严厉监控的时刻往往是孩子中考前。初三之前没有升学考，初三之后家长管不了，所以正常情况下，父母把孩子送过初三中考的门槛，陪读监控的任务应告一段落，但在之前，家长严厉监控孩子学习的日子很难熬。

为什么要严厉监控孩子学习呢？因为不自觉呀！

有一次我坐地铁，旁边坐着一瘦一胖两个小女生，听她们交谈，知道是初三的学生。

瘦女生问胖女生："你爸爸妈妈对你凶么？你怕他们吗？"

胖女生轻松地说："不怕，有什么好怕的，不就是管头管脚吗，什么都要管，好像什么都懂。天天盯牢我，我是小偷啊？你呢，怕你爸妈吗？"

瘦女生很得意地说："我爸妈其他都不管我，吃点啥，穿点啥，都随我的意。就是做作业，我稍微休息一下，马上就变态。"

胖女生如遇知音："对的，对的。做了这么多作业已经很作孽了，我做错一点，我妈就歇斯底里。"

到了初三，父母会特别敏感，特别焦虑。"歇斯底里"者不乏其人。当"歇斯底里"也不起作用时，家长会长叹一声："他什么时候学习会自觉啊！"

以我的经验看，这是一种奢望。什么叫自觉，就是没有任何外界作用下能自动的行为。在小学、初中阶段，基本上没有自觉学习的学生，到了高中会发生变化，但大多数学生学习还是被动的。老师和家长的监控是必须的，没有外界干预，玉不雕永远不成器。

我有一位朋友，他女儿读小学五年级。这个孩子真是人见人爱。很有灵气，说话懂礼貌，属于那种听话的乖孩子。钢琴弹得也很好，又是游泳健儿，学习成绩在班级中排名第一，是学校少先队大队长。这样全面发展的学生，令多少同学家长羡慕嫉妒。我在她爸爸面前夸奖她："像她这样自觉学习的学生真不多啊！"

他爸爸马上否定："什么自觉啊，都是我跟她妈妈轮流翻班天天管着，一天不管都不行。就在上个礼拜，我让她去参加数学补习，结果老师生病停课。她就瞒着我们，与一帮同学去了茶室，尽情玩了一个晚上。你们不知道吧！"

她这样的好学生也会"逃课"，那真就没有自觉学习的学生了。也许会有，我也见到过，这种学生已被父母训练成机器，有点木讷，天天死读书，成绩也并不理想。这样的学生更让人担心。

头脑灵活的学生常常会投机取巧，能懒则懒，学习不会很自觉。大多数人都有好逸恶劳的天性，只因有各种压力，劳动是谋生的手段，所以努力工作。学生则不同，学习也是一种"劳"，学习很苦，没有老师、家长监控，就会失控，他控力显得格外重要。

对于中小学生，不要奢望他们学习会很自觉，能够被动完成任务就应该是好的学习品质。老师、家长监控仍然是主要方法，只是力度要拿捏得当，才会收到好的效果。

首先，跳一跳够得上的高度最适当。监控力度与学生能力要相匹配，不要脱离实际。譬如，学生只有一个小时的专注力，你要他静心作业两小时，他只有 80 分的考试水平，你要他考 100 分，既做不到，也不合适。一般情况下，专注力增加 10 分钟，考分增长 5 分，应该比较切合实际。

其次，监控尽量用平和的方式进行。这对家长修养来讲是一种考验，孩子学习不自觉，家长很容易怒从心头起。但家长要知道，你对孩子的大声训斥与轻声细语，信息输出是一样的，孩子不耳聋，怎会听不清。只是训斥表达了父母的愤怒，让孩子害怕。但孩子听习惯了，高分贝就没用了，轻声细语更没有用，就如我们吃惯了高盐食物，略为淡一点，感觉就像没放盐。训斥没有用，家长就会增加愤怒力度，使监控越来越走向暴力。

最后，增加一点物质奖励。我大概是一个注重奖励的教育工作者，相信重赏之下必有勇夫。其实这对任何人都一样，也可以称作激励机制。只是我们传统的教育观念不提倡用物质刺激学生，但我觉得，今后学生走上社会不也是讲究按劳分配？自觉学习不就是一种很辛苦的"劳"吗？

学习注意力不集中不全是学生的错

　　我在外开讲座，有时与读者互动，家长问得最多的问题，是有关学生上课的注意力的问题。这个问题也常常是学校教学中的难题。上课时，学生人在曹营心在汉，注意力不集中，老师和家长都认为这是影响学习成绩的重要原因之一，责任在学生。

　　今天上课的内容如果不很重要，或者"重要"的时间太久，都会造成学生注意力的分散。老师站在讲台上，能明显感觉到学生有没有在听讲。有教学经验的老师会用新的刺激方法来调节课堂气氛，如讲一个笑话，或突然提问学生，甚至有的老师重新叫一声"上课"，同学全体起立，注意力一下子全部高度集中了。这些现象其实都很正常。

　　作为学生个体，如果上课时注意力经常不集中，不知不觉思绪就离开了课堂，而且用自己的意志根本克服不了，这应该属于比较严重的注意力不集中。我找过一位高中学生谈话，他每天上课不是端坐位子听课，而是趴在课桌上听课，眼睛从不看黑板。问他是否身体不适，答曰，没有。问他是否夜里没睡好，答曰，睡好了。问他是否不想听我的课，答曰，不是。那是为什么？他沮丧地说："我从小学到初中都是这样的，因为我听课一二分钟，就会去想别的事情，我怕老师提问。"这样的学生应该属于注意力的病态，去做一个专门咨询比较好。

我喜欢给学生讲学习方法，当然也会关注学生的注意力问题。大致归纳一下，造成学生学习时思想不集中的原因主要有四个方面：

一是注意力的个体差异性。能否控制好自己的注意力也是一种能力，这种能力学生之间是有差异的。有的学生一上课思想自然而然就集中了，根本不用老师多强调。有的学生就容易受外界干扰，一点点的事情就分心了。心理学专门做过研究，发现这种差异在新生儿之间就存在。有的婴儿面对一个东西会盯住不放，东西移动，眼睛会追踪。有的婴儿对什么东西都不感兴趣，东西移动，只漫不经心看一眼而已。

我在上海市重点中学上过课，也在职业学校上过课，我在讲台上喜欢一边走动一边上课。重点中学学生的视线始终盯住我不放，随着我走动他们的视线也来回移动。职业学校的学生就不太看我，我站在讲台上看下去，他们的眼神就是"一盘散沙"。

二是对学习内容不感兴趣。人们对有趣的、好奇的、强烈刺激的内容容易感兴趣，对无趣的、单调的、重复的内容容易分心，这是注意力的常态。但问题是学习内容不可能都是有趣的，更多的是单调的和重复的。一些学生注意力不集中，缺乏自控力，看似是注意力的问题，其实是学习态度问题。他们课堂学习思想不集中，但玩手机、打游戏却可以专注几个小时，一点也不走神。我文章的标题是《学习注意力不集中不全是学生的错》，说明学生也有错，这一原因就是学生的错。

三是非学习内容刺激，喧宾夺主。学生现在面对的是一个五光十色的物质世界，吸引学生的东西太多，课堂学习内容根本无法与之抗衡，稍不留意，注意力就被他们夺走了。低年级学生看了那么多动画片、武打片，上课与同学嬉笑打闹一刻不停，当然注意力就集中不到学习内容上去，为浮动性注意。一些高年级学生虽然端坐课堂，不声不响，但却在想着自己的心事，课堂上的学习内容全然不知，为黏滞性注意。这两种现象都会严重影响学习效果。我上课时常常请那些"假注意者"起来回答问题，他们如梦初醒，或急急忙忙询问周围同学，或干脆回答不知道。还有一次，我发现课堂特别乱，几乎所有学生都不注意听我上课，到底什么原因呢？原来明天要春游。

四是不安宁环境的影响。如果学习处于一个吵吵闹闹的环境，就是成人也很难集中注意力。我家访过很多家庭，过去住房条件差，三代人同居一室，学习受干扰是客观存在的。现在父母经常争吵或在一旁唠叨，一些孩子注意力不集中可能就是这么养成的。有位家长，喜好搓麻将，每天晚上一桌，他以为将孩子一人关在小房间里做作业就不会受到影响。孩子后来学习注意力不集中，心理咨询明确告诉家长，是家里天天搓麻将影响所致，常有外人在家里是一个主因。课堂上纪律差，教室里乱哄哄，是造成学生注意力不集中的主要原因。

　　那么如何来纠正学生学习注意力不集中呢？只需按照我上面分析的四个方面，对孩子做一些观察，寻找到纠正的方法并不难，难的是持之以恒地去改变，将孩子的注意力重新拉回课堂，达到"动得起来，静得下来"的最佳学习状态。

学习不讲性价比，浪费时间和金钱

二十年前，家长对教育的热情还远未如今天这般高涨，学生读书大都呈现散养状态。有位校长，在家长会上对 200 多名家长说："如果你家里有点钱，是先买大彩电，还是先交学费培养孩子？同意先交学费的请举手。"台下齐刷刷地举手。校长又说："这就是社会重视教育的实证。"

现在，如果那位校长再问："如果你有钱，是先买房子呢，还是先供孩子读书深造？"这个问题，现在的家长以实际行动早已做出了回答，他们培养孩子的意识远超二十年前。绝大多数的家长对孩子教育的投入很慷慨，慷慨得有过之而无不及。

但凡有一些经济头脑的，现在都讲性价比。对消费者来说，价格和品质相当，成本和收益相当，才是大家最希望得到的结果。

我们的教育，虽然不是商品，但既然有付出，有收益，那么讲一点性价比，是否也属一种教育策略呢？

现在家长在教育上舍得付出，一掷千金也在所不惜，再穷也不能穷了孩子。学费昂贵的民办学校挤破了头去报考，课外补习费大把大把地往外掏，学习用品再贵也舍得买。但你有没有想过，这些付出，能否获得相应的回报？

学习需要投入，是有成本的：学费、培训等各种费用，还包括学习的时间、学生的精力等。

学习也有收益，要讲获得：学会知识和技能，直观一点是提高学习成绩。

讲性价比，就要算一算，付出的金钱、时间、精力，与获得的知识技能是否成正比？如果付出大于收益，那就得不偿失；如果付出与收益相当，那么就值得去付出；如果收益高于付出，那是学习性价比的最高境界。

很可惜，现在很少有人去想学习的性价比，家长大把大把地扔钱，学生仍然成绩低迷，这成了目前的教育现状。大家都认为，付出了总有收益，而不管收益的大小；耕耘总有收获，而不管收获有多少。其实，这里有很多误区：

其一，学费越贵越能提升学习成绩吗？

大家都相信一分价钱一分货，学费越贵越能享受好的学习条件，这有一点点道理。民办学校是如此，顶级的课外补习也是如此。但学习条件好就能换回好的学习成绩吗？这就不一定了。师资好也需要学生的努力才有意义，更何况交了高学费不一定能获得好师资，好教师有时千金难请。国家的政策是力争教育均衡化，校际之间办学条件差异并不大，同样的上课，同样的教材，甚至水平相当的老师，有时高学费的付出与学习条件的获得往往不成正比，与学习成绩更成不了正比。学习讲性价比，远远不只是金钱的付出。

其二，课外补习越多，学业水平越扎实吗？

课外补习最重要的作用是弥补课内学习的缺失，学习查缺补漏，学业就扎实，这也有一点点的道理。但是，别人补我也补，盲目补习，性价比就失衡了。每个学生的学习状况不同，所补习的科目和内容也应该是不一样的。我曾说过，补习的最好方法是缺啥补啥。如果你在课内已掌握了所学的知识和技能，重复补习，付出的是时间、精力和学费，收益甚低，性价比也严重失衡。时间、精力也是成本，而且是一种有限资源，白白浪费了，实在太可惜。

其三，刷题越多考试成绩越好吗？

试题做得多，熟能生巧，这是肯定的，但刷题也应有选择。有两种试题反复刷，刷得越多，浪费的时间和精力越多，付出与收获不成正比。第一种是已会做的试题。也许你认为多做题总没错，温故而知新，但学习的性价比是要讲效益的，付出大于收益，做得再多也只局限在这个知识领域，这是一种浪费。最典型的错误就是拿来一本习题集，从头做到尾。其实，其中有不少试题你早已会做。第二种是根本不会做的试题，面对试题干瞪眼，与其白白花费时间和精力，不如请教他人之后再刷题。

其四，超前学习一定能赢在起跑线上吗？

这是一个讨论了多年的老话题。现在学生千军万马抢跑道，超前学习已经成为一种焦虑。其实早有教育专家算过一笔账，初中的教学放到小学去上，一项内容可能需要五个小时，同样的内容放在初中上，也许只需要一个小时，那么为什么要浪费四个小时的时间与精力呢？浪费了就是多支出的成本，性价比就低。所以，上海教育主管部门曾发文规定，汉语拼音教学一律在小学一年级开设，以防止下放到幼儿园，应该也是考虑到了学习的性价比。

这种学习性价比的失衡还有许多。我们讲学习性价比，当然不是教大家对学习成本斤斤计较，但如果我们能以性价比的原理去观察我们的学习活动，是否更能提升学生的学习效率呢？

老师也是普通人，和谐的
家校关系更有利于学生成长

网上曾流传一段老师的牢骚："现在的教师还有权利可言吗？该涨的工资不涨，背不该背的锅，赔不该赔的钱，整天被道德绑架，被社会歧视，被家庭埋怨，还要操着做父母的心，饰着警察的角色……就两个字'悲哀'！"

如果用崇高、神圣来要求老师，这位教师也许很不达标。但教师有时心中也会有怨气，只希望自己是个普通人。

我亲身经历过这样一件事。我们学校有位学生大考不及格，按规定给予留级。班主任通知学生后的第二天，学生的父母带着坐轮椅的祖母和自己几位兄弟一大帮人直冲学校，大闹校园。霸占了学校校长办公室，非要找到班主任，让她当面道歉。我想不通，道什么歉呢？他们说班主任通知他儿子留级，让小孩伤心了，不肯来学校读书了。我说："那么我们一起做学生的工作？"学生的母亲凶狠地打断我的话，近于发疯一般说："做什么工作？有啥用！赔偿呀，精神损失费，二十万，一分也不可少！学校不是最有文化的地方吗？老师不是最讲道理吗？你们不赔，我们都是大老粗，不要怪我们无赖。"我说："我们是讲道理。"发疯一般的母亲冲着我直吼："没啥好说的，不答应就去区政府上访。"相持不下，请来街道、居委干部相助，最后答应给他们家庭困难补助，才算休战罢兵。此时，我感觉，教师的尊严、学校的神圣全被踩烂在脚下。

现在的社会舆论对教师的评价，冰火两重天。

一会儿把教师捧到天上：太阳底下最崇高的职业，人类灵魂的工程师，烛光里的妈妈，早已成为大家期待的角色。

一会儿又贬低教师：残害孩子的凶手，教育的蛀虫，披着羊皮的狼，一旦发生事故，传统的印象即刻被颠覆。

但是，当你仰视着自己的老师无限崇敬时，当你看到教育弊端，诋毁老师时，有没有想过，其实教师既不神圣，也不低贱，教师只是一种职业，老师既不是妈妈，也不是狼，老师只是一个社会人。如果这样与老师沟通会更和谐，更接近朋友间的对话，最终获益的是学生。

教师是一种职业，教书育人是工作，培养的学生是产品，是一种工作，就有成功，也有失败，成功被视作理所当然，失败则成了众矢之的。然而，世上哪样工作只有成功，没有失败？就如医生也是一种职业，可以挽救生命，也有回天无力之时，我们不能说，病人抢救失败，都是医生无能，就是医德败坏。教育有一句豪言壮语"没有教不好的学生，只有不会教的老师"，这话值得商榷。

老师只是一个社会人、自然人，具有人的七情六欲，也刻上了人的各种禀性，这很正常。热情与冷漠，公平与偏见，大公与有私，善良与邪恶，聪明与愚昧，在教师群体中并存，与其他职业相比，没有很大差别。教师要养家糊口，要获得他人尊重，事情不顺要发泄，遇有不公要申诉，受到欺压要反抗，这也完全应该。神化教师，污名教师，都会损害我们的教育，最终伤害我们的学生。

老师似乎就应该是燃烧自己的蜡烛，照亮别人，燃尽自己。小朋友写作文，如果写"我的好老师"，编的最多的是老师在课堂上讲课突然昏倒的桥段，因为教师这个职业，似乎永远就应该是奉献。结果一旦发现，老师中也不乏败类，虽然只是几十万分之一，甚至百万分之一的概率，对老师的崇敬就此坍塌，一片讨伐之声。往往把个案看成了全体，把偶然说成了必然，有时甚至只是普通的师生矛盾，有人就敢带着孩子到学校公开叫骂，还敢当众羞辱老师。平时，埋怨学校，责难老师，也成了有些家庭的家常便饭。

你知道吗？师道尊严不复存在的后果是什么？孩子不再听老师的话，不再遵从学校的规章制度，甚至怀疑整个社会的正义与公德。现在有些孩子的逆反已经到了家长也管不住的程度，如果学校也管不住了，老师也管不了了，那么他们将走向何方？

如果家长明白老师只是一个社会人，一个普通人，就不必对老师太苛求，交往宽容一些，评价理性一些，就能建立和谐的家校关系，更有利于学生的成长。那些大闹校园的母亲，应该明白自己的行为是无理的，即使争吵到了"精神损失费"，让孩子认为母亲真有"本事"，这孩子也彻底毁了。

学霸不等于教霸

"教霸"是我根据"学霸"一词仿造而来的，意思是教师中的优秀者，即能培养出学霸的老师。

据报载，北上广深一线城市的高中师资招聘会上学历普涨，知名高中招聘顶尖高校的硕士、博士，有人感慨这是人才的浪费，也有人给予高度评价，当教师的，再高的学历也不为过。但不管是什么看法，好教师必须会教书、会上课、能培养学生，这不会有任何异议。

那么，顶尖高校毕业生到中学当老师，学霸能否成为教霸呢？如果两者之间画等号，那肯定有些想当然。

学霸从名牌大学毕业，整体素质应该较高，这是事实。但好钢要用在刀刃上，而教师这个"刀刃"有些什么特点呢？如果这块好钢与教师的职业特点不相匹配，这才是白白浪费，而不是像有种观点认为的那样大材小用是白白浪费。

教师这个职业的特色就在"教"上，教师的功夫也在"教"

上。如果学霸的特长只在于"学"，而不在于"教"，那么即使学富五车，自己肚子里的学识无法变成学生的知识和技能，那么他自己学得再好，也根本无法成为教霸。在学校里，毕业于著名高校的老师业务比不过师范大学毕业的老师的情况很常见。还有，教霸不仅要"会教"，还要"肯教"，也就是我们平时所说的耐心细致的教学态度。我们都读过小学、中学，有的老师像妈妈，给我们留下了深刻的印象。面对各色各样的学生，对教学态度是一种考验，所以就有校长担心："'学霸'老师能理解'学渣'的心吗？"其实，想当一个教霸，不一定需要很高的学历。

我有一段很深刻的回忆，至今难忘。那年，我是一个工作了两年的新教师。坐在我对面的是一位比我长几岁的男教师，有近八年的教龄。我们都在初一年级组，他教数学，我教语文。我算当时正儿八经的师范大学毕业的本科生，而他是从小学调到我们学校的中师毕业生。因为当时老师奇缺，这位男教师在小学教书很出色，就被光荣地选拔到了中学。他的教学功夫真了不得。在小学时，他带的班考重点初中（那时小学有升学考），升学率全区第一。到了中学，他带的学生参加统测，数学还是全区第一。学生报考我们学校，不少人都是慕他之名而来。听说他课外给学生补习，教室里的学生多到爆棚。面对他，我自愧不如，他是一个真真切切的教学高手，也给过我很多帮助。但仅仅过了两年，上级部门突然强调教师学历，这位教学高手因为只有中专文凭而被退回到小学。我与他相处了几年，受益匪浅。他临走时送我一只精致的咖啡杯，说是本想学学时尚，结果还没用上，就被调岗了。他走的时候有点凄凉。

所以，我做了校长之后，一直非常强调老师的教学能力和态度，并不很看重学历。我认为教中小学生，当老师，达标的学历"给你的那桶水"已经足够用了。

我原来教书的学校有一位图书馆管理员，年纪很轻，毕业于当时顶尖的名牌大学数学系。但学校不排他的课，大材小用，我一直很为他抱不平。一次，我实在忍不住，问教导主任为什么安排他在图书馆，主任感觉很冤枉，解释说："这么优秀的大学毕业生我们怎么会不用呢？我承认他有学问，但都在肚子里拿不出来。最要命的是他是广东人，乡音难改，讲的是广东普通话，学生根本听不懂。你知道学生背后给他起的什么绰号？叫他'平荒'，他上课讲'平方的平方'，都说成'平荒的平荒'，上海学生听他上课太不习惯了，意见很大。"

那么，对于学霸当老师，我到底是什么评价呢？当然是举双手赞成。现在教育被人诟病，很大的原因是一流的人才不愿进中小学任教。如果毕业于顶尖高校的硕士、博士愿意到中学教书，绝对会增强学校的教学力量，尤其是增强教学和科研的力量。

我所强调的是，不要太相信学霸就是教霸，校长不能仅仅借老师的学历来提升学校的品牌。家长更不要盲目迷信学霸。即使并非学霸的普通老师，只要他会教书，课上得精彩，也能成为最好的老师。英雄是不问出处的。

如何判断怎样的老师是好老师

为孩子教育做选择，几乎成为全民"运动"，家长们也为此殚精竭虑。好学校、好班级、好老师，选择三部曲。选择失败，依次后退，如拾级而下，选一个好老师是选择的最后一步。

在现实中，好学校的老师并不一定都是好老师，当然，也许好老师会多一些。但班级不一定都是好班级，因为，不少学校是平行班，按成绩分班是被禁止的。

好学校、好班级、好老师，形成了选择三部曲。三部曲选择中，第一步应该是选一个好老师，因为真正助你成长的是每天给你上课的老师。

有时，选择一个好老师比选择一个好学校更重要。

我曾参加过多年的中学高级教师评审，听过无数节课，评价过许多老师，那么，怎样的老师才算是好老师呢？

官方的评价标准很多，如科研能力、教学能力、教学效果、师德标准等等。但作为学生，也许你无须关注这些。

学生的心目中也有自己的标准，亲切和蔼、上课生动、办事公平等等。最好测验考试时还能通融通融，作业嘛也不要布置得铺天盖地。

教师职业的社会价值，古人早已有云：传道、授业、解惑。

照此来说，完美体现教师职业价值的就是好老师，这价值就是千方百计让学生学会知识和技能，这个"好"应在课堂上体现。

老师上课，教态再亲切，讲授再生动，课件再精美，那也只是"给予"，学生如果没有"学会"，教育就全然没有意义。

也许你喜欢为人随和的老师，从不严厉斥责自己。但过分的放任和宽容，足以危及你的学业发展。考试也能通融的老师，培养不出精英学生。

也许你喜欢上课风趣的老师，口才堪比相声演员。但如果满嘴跑火车，漫无目的，终将使你的课堂学习一无所得。

也许你喜欢老师所做的多媒体课件，能使你在直观的欣赏中愉快学习。但在眼花缭乱的图像刺激中，也许你只有愉悦而没了"学习"。

透过现象看本质，实际上，好老师的功夫全在课堂上。不仅看老师教给了我们什么，更要看我们从中学到了什么。

你可以让孩子做这样的观察：

一是老师讲课时，心中有没有学生。

这体现了老师的责任感。老师上课，是按照制定的备课计划、按进度完成的。好老师一定时刻关注学生的反应，以学生听懂学会为目标，循序渐进。

二是老师讲课时，有没有让学生听懂。

这体现了老师的教学水平。如果以卖弄口才为傲，讲的头头是道，口吐莲花，结果学生根本听不懂，那只是花拳绣腿。好老师讲课一定是深入浅出，概念清晰，推理有据，结论可靠，学生不但能听得懂，还能记得牢。

三是老师讲课时，有没有让学生练习。

这体现老师教学法的正确运用。任何有效的学习一定是学中做、做中学。只讲不练，君子动口不动手，你也许永远学不会。好老师会十分注重练习的作用，充分运用三题（例题、习题、试题），让学生真正掌握知识，并运用到各种考试中。

四是老师讲课，有没有运用流利的普通话。

这体现老师的语言表达能力。教师职业的强项就在于语言表达。如果老师操一口浓重的方言，讲课前言不搭后语，一堂课下来，也许学生什么也没听清。好老师讲课一定是吐字清楚、表达流畅，具有较强的逻辑性，让学生能够入脑入耳。

如能遇上这样的好老师，你和孩子就一起庆幸吧。

学生越喜欢老师，幸福感越高

有一份调研报告，显示了中小学生的幸福指数。该报告调查了47 所中小学，有效样本为 5 012 个，具有一定的说服力。

经抽样调查发现，七类学生更具幸福感：喜欢自己老师的学生，担任学生干部的学生，睡眠充足的学生，有知心朋友的学生，平时喜欢体育运动的学生，学校离家较近的学生，有零花钱的学生。

你没看错，排在幸福感抽查首位的是喜欢自己老师的学生，而不是受到老师喜欢的学生。

在我们一般的印象中，应该是受到老师喜欢的学生最幸福。他能获取老师的很多表扬，得到老师特别的关照，能感觉到老师更多的温暖。

为了讨得老师的喜欢，家长常常身先士卒，想方设法去争取老师对自己孩子的青睐。在微信群里，家长不时贡献赞誉之辞，家长会上举双手赞许老师的所有意见，更有甚者，不时关心着老师的个人生活，逢年过节，或遇到老师的生日时，百般纠结送什么礼物给老师。

家长做这一切，就是希望能换回老师对自己孩子的额外喜欢，提升孩子的幸福指数，提高孩子的学习成绩。

其实，这种行为成效甚微。一个优秀的老师，不会因为家长的几句赞赏而改变对学生的评价，更不会因为家长送了礼物而投桃报李。一个师德有问题的老师，也不会在乎家长的什么赞许，而是更注重家长的礼物，贪得无厌永远无法满足的人，你有多少礼物可以奉献？家长也许只是做了冤大头。

以我当老师和校长的经验来看，这些人情关照很难使学生的学习成绩有明显的提高。我们很多人，常常把师生关系误判为社会中的一般人际关系，以此来臆断，认为加强与老师的人情交往，一定会有更多的呵护回报。

而我的想法是，与老师交往最好的状态应该是君子之交淡如水。当然给老师足够的尊重，这是必须的。与其动足脑筋让老师喜欢自己，还不如让学生自己去喜欢老师（不包括教师中的败类），这样才能真正提升学生的幸福指数，改变自己的学习环境，在学习中更多地获益。

原因大约有四条：

其一，你喜欢老师，老师也会喜欢你。这种互相喜欢的师生关系在学校里很常见。校内师生关系远比社会人际关系单纯得多，师生之间没有那么复杂的利益关系，老师是长辈（与教师年纪无关），只要你主动喜欢老师，老师自然而然会喜欢你。对于有些喜欢亲近老师的皮大王、捣蛋鬼，有时老师还会格外喜欢。如果相反，你对老师充满敌意，动辄无理顶撞老师、讨厌老师，那么让老师喜欢你也十分困难。

其二，你喜欢老师，就会喜欢他所教的学科。这种因喜欢一个老师而喜欢上一门学科的例子在学校里更常见。老师渊博的知识、精辟的授课、谦和的教态，常常会不知不觉引你进入学科的殿堂。老师的人格魅力更易吸引你，正所谓爱屋及乌，这种无形的人际影响也许可以引导你产生良好的学科兴趣。

其三，你喜欢老师，会大大减缓学习压力。和谐的师生关系会使老师与学生之间增进互信，学生会相信老师所做的一切都是为他好，即使作业布置得多了点，考试难了点，也不会认为是故意为难学生。有一项调研证明："考试本身不是压力的来源，学生学习的压力来源于老师。"有时老师几乎就是一种心理压力的象征，但如果你喜欢老师，就等于搬走了心中的大石头，就不会觉得学习压力那么沉重。

其四，你喜欢老师，会增强集体认同感。这个集体认同感非常重要，你是某一个学校的学生，是某一个班级的学生，是某一个老师的学生，有了这种认同，就会有归属感，有安全感，就不会孤独。所以如果你喜欢这个集体的主导者——老师，幸福感就会提升。否则，就会变得孤独无援，学习和生活也会感到很无助。

所以，一个学生应该千方百计让自己去喜欢老师，与老师交朋友。这样，你也会得到老师的喜欢，你在学校的学习会感到轻松而愉快，那么学习成绩又怎么会不提高呢？

也许有学生说，这个老师我实在不喜欢，怎么办呢？那么就需要做点心理调节，我在《学习方法决定学习成绩》一书中有具体介绍，在此仅摘录一段：

> 面对你并不喜欢的老师，要想法去想象他的优点，他的长处，作善意理解，你会逐步接纳并喜欢上你的老师。老师很凶，说明他认真，难道你喜欢一个不负责的老师吗？他讲课不清楚，可能你不太适应他的方言，其实老师讲的内容还是很有价值的。他长得很难看，说明很有个性，很多有个性的人都其貌不扬。老师责怪我，批评我，说明重视我，对我特别关注……事实也确实如此，有的老师一味来迎合学生的想法，并不一定是件好事。

（《学习方法决定学习成绩》，陆震谷，上海文化出版社，2018 年）

我们的学习时间都去哪儿了

　　学生认为学习负担重，承担各种学习任务，似乎没有空闲的时间。一眨眼，功课还没完成，时间却没了。

　　所以学生的时间管理很重要。有人说过，真正决定孩子成绩的不是智商，而是时间管理。讲得非常好，每位学生的时间都是一天24 小时，很公平，但时间管理或不管理，学习效果完全不一样。

　　很多家长会帮助孩子制定学习计划或作息时间表，认为这样既有安排，也可督促。尤其是低年级学生，家长很喜欢用计划的方式对孩子的学习进行管控，有的还将"计划"贴在孩子的床头、书桌。这种方法到底有没有用呢？据我接触到的情况，基本上没用。如果高度概括一下，那就是虎头蛇尾。

　　有一次我去朋友家，见他女儿房间里的玻璃板下压着作息时间表，纸已泛黄，时间还是两年前。我朋友看我在看这张作息时间表，很不好意思地说："早就不用了，当时她刚上小学。我们开始也雄心勃勃，结果完全没有用。"

　　我饶有兴趣地说："至少是对孩子学习和生活的指导，为什么不坚持呢？"

　　朋友给我解释："女儿学习比较自觉，很听话。但有句话叫'计划不如变化快'。开学前制订的作息表，不到两周，全给插进来的无数意外情况打乱了。比方说，7:30 出门去学校，路上堵车，做不到。回家 5:30 吃晚饭，结果学校经常有事情，女儿 5:30 才到家。原计划 6:30 开始做作业，但我们也有事，根本保证不了准时来陪她。时间改来改去，就彻底放弃了。而且我们订的计划要求有点高，孩子做不到，慢慢也就随她去了。"

　　这种虎头蛇尾的现象很普遍。但我们讲时间管理，绝不只是制定一张作息时间表，而是指在相同的时间内，如何利用时间、合理分配时间，提高学习效率。每个学生一天都只有 24 小时，看你如何安排使用，才能达到最佳的学习效果。就像你手中有 1 000 元钱，合理使用可以过得很富裕，胡乱开销则会捉襟见肘。

　　学生可能不知道自己每天的时间使用是否合理，但换一个角度思考，反省一下，我们每天浪费了哪些时间，而且可能自己还没意识到这是浪费。争取先杜绝这些浪费，就能提高时间管理水平。

　　第一，重复劳动是浪费，重复学习有时也是浪费。我给学生进行就业指导，举过一个例子。如果你已经把桌子擦得很干净，老板让你再擦一次。有两种态度：一种是发牢骚，老板你眼瞎呀，桌子刚擦过。二是满口答应，好的，老板，我再擦。哪个更受老板欢迎呢？其实还有第三种态度，老板，您还有什么需要我去做的呢？有智慧的老板一定会采纳你的建议。因为老板让你去擦已擦干净的桌子，无非是怕你闲着。现在我不偷懒，为老板多做贡献，哪有不欢迎的。

我们家长也一样，总感觉不能让孩子闲着，刷题越多越好，补课越多越好。但很多重复学习就是最大的时间浪费。我见到一个幼儿园小朋友，爸爸妈妈让他背唐诗，只要看到孩子背唐诗，他们就很有成就感。其实小朋友"偷懒"，背给人家听的都是早已背得滚瓜烂熟的唐诗，让他背其他唐诗坚决不背。所以背来背去就这么三首诗，看似很有成绩，其实半年多没有一点进步。

想一想，我们这种重复学习浪费的时间还真不少。学习很优秀了还要课外补习，已上过的课再去听一遍，已做过的试题再反复做，等等。打着温故而知新的旗号，实际上是浪费时间。

第二，什么事情都想去做，但重要的事情却没做好。好像忙忙碌碌，实际上看不到实实在在的效果。就像有些人看书，这本翻翻，那本翻翻，翻了很多书，没有认真去读一本，时间却都没有了。

课外学得太多，课内学习就受影响。学生不但时间有限，精力也有限，用完了就没有了。听说奥数可以训练思维，一阵风似地奔向奥数；听说学围棋可以锻炼耐心，一窝蜂地涌向围棋；听说少儿编程现在非常热门，又拉着孩子去报名。学得太多了，反而耽搁了课堂学习，这叫喧宾夺主。

还有一个更大的"喧宾夺主"，就是去报考一所路途遥远的"好"学校。每天来回路上要花费两三个小时，占了学生课外学习时间的 50% 以上，都是浪费。有家长自我安慰，孩子在车上可以背背英文单词、文言文，其实这个很难做到。

第三，不能掌握什么时间去做什么事情。这种情况在学生中很普遍。譬如，上语文课时偷偷做英语试卷，上物理课又在台下做数学题，而数学课上可能又在避开老师写作文。做事情老是错位，永远在还时间的债。明天考语文，今天复习数学；明天考数学，今天复习英语。我问学生为什么这样做，给我的理由是语文反正考不好了，争取把数学考好。还有上课前踢足球，考试前玩游戏机，那更是严重错位。

这种时间浪费很可惜，你没有玩，看似抓紧时间，但效果很不好。譬如，上语文课，你的思考与整个课堂氛围一致，会产生良好的学习效果。但有些学生却在语文课上做数学题，与老师讲课没关系，又是偷偷摸摸，结果一节课下来，语文、数学都没有收获。还有考前复习，是最见成效的关键时刻，等于踢足球的临门一脚，而你去复习其他学科，同样是花费时间，却丢失了收获的最佳机会。

第四，拖延习惯造成时间浪费。这种最常见，浪费时间也最直接。平时家长批评孩子浪费时间，主要指的就是做作业拖延。拖拖拉拉，一个小时可以完成的作业，要做三个小时。时间一下子没有了，作业却没完成。

学习成绩的差距会产生马太效应，强者越强，弱者越弱。学习的时间管理也一样，管理得当，学习成绩越好；学习成绩越好，学习时间越富裕。相反，学习时间不管理，学习成绩不理想；学习成绩越不理想，学习时间越没有。有些学生成绩差，门门去补习，结果门门功课都不及格，这就是典型的恶性循环。

　　总有家长跟我说："我家孩子学习比谁都努力，我不让他浪费一点时间。为什么学习成绩还是不如别人家孩子呢？"果真如此，真该想一想，孩子的学习时间都去哪儿了。

　　只要家长仔细分析，把浪费的时间找回来，我们不就有了更多的学习时间？但值得注意的是，有四种时间，即睡眠时间、休息娱乐时间、人际交往时间和体育锻炼时间，使用不属于浪费，使用得当，还能给我们的学习时间补充能量。

焦虑，能让你学习成绩更好

学生的学习焦虑已经引起了社会的高度关注，大家都呼吁给学生减负，建议对学生开展心理健康教育。据说，学生睡眠障碍70％是学习焦虑造成的，学生心理疾病80％也是学习焦虑引起的。在学校里，看到学生有异样的表现，老师常常会怀疑这个学生是否有心理问题。

现在的学生面对如此大的学习压力，学习不焦虑似乎不太可能。一个班级里，学习焦虑的学生一般都是好学生，学习成绩比较好，至少学习态度很端正。学习无所谓的学生，一般来说学习态度就比较差，学习成绩也不理想。学习很淡定，学习成绩又好，这样的学生最让人羡慕，他们往往具有良好的学习能力和学习心态，但是，这样的学生并不多。

所以，我当老师，一直认为学生面对考试和学习时应保持适度的焦虑。焦虑使人刺痛，焦虑也使人行动。

适度焦虑的学生，平时上课会担心老师讲的内容听不懂，做作业时会担心出错，回答课堂提问会担心说得不正确，课堂笔记会担心记不全。焦虑会驱使你去更认真地听课，更认真地做作业，更认真地回答老师的提问。

到了复习迎考，是学生最容易产生焦虑的时候。担心考试的内容自己会没复习到，担心考试时会答错题，担心打开考卷时题目太难，担心最后考试名落孙山，甚至担心当天考试会迟到。这些担心会集聚焦虑，焦虑就形成一股能量，促使你行动，会让你加倍地认真复习。

选择学校、填报志愿时，常常是学生焦虑的高发期。面对前途命运的抉择，到底是选择自己喜欢的，还是选择有发展前途的？自己的考分够不够，都会让你举棋不定。但就在犹豫和担心之中，你会行动起来，打听学校，了解政策，评估考分，填写一份精准的志愿表，事情反而会做得很完美。

也有一点也不焦虑的学生，淡定得让你不敢相信。我认识一位初三的学生，毫不犹豫地就把中考志愿填好了。结果中考成绩达到示范性高中的控分线，却连普通高中也进不了。他的第一志愿、第二志愿都填高了，自己的考分够不上，第三志愿填的是中专，按考分顺序落档，很自然就被中专录取了，但他又根本没有读中专的思想准备。我问他："填志愿时为什么不想清楚呢？"他回答我："一直以为最起码也是跌入第二志愿。"我说："那么第三志愿为什么填中专？"他竟然回答："我当时认为无所谓！"

我想，如果这个学生有那么一点点焦虑，填志愿时一定会瞻前顾后，不会犯如此低级的错误！

学习焦虑有增进学习动力的作用，但我自始至终在焦虑前加一个定语"适度"。如果过分焦虑，走向极端，肯定会导致严重的后果，是老师和家长最为担心的，这大概也是社会高度关注学生焦虑的原因之一。

一般来说，焦虑分为情绪焦虑和病理焦虑，情绪焦虑放任自流，也许就会走向病理焦虑。当你胸闷气短，焦躁不安，头晕失眠，就要引起警惕，这些不但无助于你提高成绩，反而会严重影响你的学习和考试。我曾亲眼目睹一位高三的学生，参加高考，做题时手抖不止，怎么也停不下来，考试毁于焦虑症。还有更多的听闻，学习过度焦虑引发的悲剧，后果都十分惨痛。

那么，如何让学习焦虑保持在一个"适度"上呢？我认为好学生大都会有学习焦虑。这样的学生，就要相信他们具有学习的自觉性。所以，我给家长两个建议：

一是学习上不要给学生无限加码。每个学生对学习任务的承受能力是不一样的。家长常常喜欢以优秀学生为标准，将成绩要求不断拔高，孩子学习"压力山大"。也许有老师和家长不同意我的建议，这话谁都会讲，但学习不严格要求能行吗？但请注意，有学习焦虑的学生与什么都无所谓的学生是不一样的，他们比较敏感，也比较努力，在学习的大道上已在辛苦前行，有的已经尽了"洪荒之力"，我们还在大喊"加油"。考场不同于赛场，不是单凭激情就可以取胜的。

二是平时应多给学生一些亲情抚慰。我们经常会给学生讲许多励志类的心灵鸡汤，以为能让学生振奋精神。实际上，如果针对性不强，这些都是无效的。尤其对有严重的学习焦虑的学生不需要激励，更需要亲情抚慰，搬掉他们身上的压力。所以，我认为，面对学生学习焦虑就一个思想：心理减负。譬如，告诉学生，就是考试是最后一名，也有大好的发展前途，不少名人就有许多考试不及格的"名事"，不信，你可以去网上查一下。

学生要善于寻找快乐的生长点

一位学生学习成绩很优秀，参加各类考试，成绩常常名列第一，大家一定以为他很快乐。在大多数情况下，也许是这样的，但也有例外。

我看到过一位高三的女学生写的一段话，她就是那种让一般人羡慕的考试成绩常常名列第一的尖子生。结果她却没有参加高考，成了一朵还未绽放就提前枯谢的花朵，令人唏嘘不已。我隐去她的姓名，也隐去她没能参加高考的原因，在这儿只引录她的一段话：

我知道大家都很羡慕我的考试成绩，爸爸妈妈也为我而骄傲。但我自己怎么也感觉不到那种骄傲和快乐。我也不知道为什么，读书学习对我来讲没有什么压力，也没有什么困难。我也不像班里有些同学那样刻苦。即使在考试期间，该怎么玩怎么玩，几乎没有多花时间在复习上。考试成绩出来，我又是第一名。但第一名又怎样呢？我几乎没有一丝一毫快乐的感觉……

引录到此打住。分析这段话，可以看到学习成绩优秀者并不快乐。作为"旁观者"，我们能做出什么解读呢？

第一，她的优秀成绩来得太容易，天资聪明，毫不费力可以取得优秀成绩，却体会不到收获的喜悦。

第二，总是获得考试第一名，但失去了学习动力。没有竞争对手，觉得很无趣，似乎学习成绩封顶了，看不到进一步的发展方向。

第三，体会不到优秀成绩的意义。"第一名又怎样呢"，感觉人生虚幻，不懂优秀成绩的价值。没有追求，也没有快乐。

人的快乐与否是相对的。我们的教育一直在努力打造学习的快乐。快乐教育成为一项研究课题，成为多少教育工作者追求的一种境界。尤其是在学生的青少年时代，被学习成绩的压力困扰，快乐更显得稀缺。但学习的快乐是客观存在的，只是我们没有意识到，就像美是客观存在的，缺乏的是我们一双会审美的眼睛。

现在的学生几乎没有尝过饥饿的滋味，所以常把吃饭当成一种任务，有时还要父母逼着吃。中午在学校用餐感到难以下咽，扔掉的好菜好饭有多少！我们年少时，国家正处在困难时期，食物都要凭票购买，大家常常饥肠辘辘。如能吃到现在学生倒掉的食物，一定是快乐无比的，那时的学生如能在过年吃到现在一般的家常菜，就简直快乐到了天堂。

我们再讲学习的快乐。比方说，同样面对 80 分的考试成绩，觉得应考 90 分的学生不快乐，而只能考 70 分的学生就一定很快乐。所以，成绩优秀的学生和成绩一般或更差的学生快乐的起点是不一样的。也就是说，学生都可以有学习的快乐，不一定要成绩十分优秀。我们实在没有必要总不满意自己的考试成绩，让每天的生活黯然失色。

学生学习一定要调整好自己的心态（包括家长自己的心态），快快乐乐有利于提高学习效率，要学会寻找自己快乐的生长点。

首先，要与自己过去比，不与他人比。与他人比是没有穷尽的，天外有天，山外有山，有时越比越气馁。一个学生，只要正常学习，肯定会有进步。哪怕只是一点点，你都要去体验这一点点的快乐。别人考试排名第一，你考试排名第二十，而自己过去考试排名是二十二，那就可以欢天喜地，完全没有必要去紧盯排名第一的学生，也不要去妒忌排名十九的学生。

其次，成绩优秀的学生有他们"优秀"的烦恼，只是我们不知道。不需要羡慕他们。我不很赞成"勤奋出天才"的口号，勤奋能够出天才，勤奋也不一定出天才，勤奋也可能出抑郁。做一个成长的自己比什么都重要。让学生追求自己的进步、自己的收获，就能提升快乐感，而有了快乐就有了学习的自信心。

最后，成绩不理想，说明自己有更大的上升空间，也就有了更多的感受快乐的机会。我常常这么想，一个学生，每次考试都得第一，对成功的感受也许就会麻木。就像我们现在，生活条件好了，每天吃饭担心营养过剩。没了饥饿感，也就没了我们当年吃饱饭的幸福，甚至也没了享受美味佳肴的快乐。

我一直认为，一个学生学习的快乐，是任何人无权剥夺的。

我教你，讨厌的学科可以喜欢起来

　　过去应试教育主导性很强。高考文理分科，升学考突出语数外，老师上课紧紧围绕考纲进行，课程表上其他许多学科在升学考中都没有地位。现在不同了，你可以去看看中高考改革方案，非常强调全面发展，升学考的科目逐步全覆盖，各科之间的差别只是考分的权重不同。有新闻报道，某省中考政策规定，体育考分是100分，与语数外平起平坐。能否这样说，不久的将来，你想升学获得好成绩，一门学科也不能少。

　　但对很多学生来讲，很难做到各学科全面发展。几乎所有的学校都有一批学生成绩是偏科的，有一门或两门学科成绩特别差，老师很着急，家长更焦虑，升学考录取的依据是看总分成绩的。短板理论告诉我们，盛水的木桶是由许多块木板箍成的，若其中一块木板很短，盛水量就被短板所限制。升学考试的成绩也一样，你的总分不高，很可能就是偏科的这块短板起了作用。所以，我做班主任、校长时，一直将治理偏科现象视作抓升学考的重中之重。

学生做不到各学科全面发展，一个很大的理由，就是不喜欢某些学科，自以为天生不是学习这些学科的"料"。

我们观察到，学生讨厌某一门学科，这门学科的考试成绩一定很差。上这门课他会觉得很无聊，平时从不与同学交流这门课，而且很固执。如果需要补课，他也不会自觉参加，必须参加时，心里也有很多怨恨。甚至对自己没学好这门学科心安理得，有时还理直气壮。

我从不认为学生讨厌某门学科是天生的，更多的是学习能力和学习态度上的差别，讨厌它一定是另有原因。要知道，中小学的学科知识都是最基础的内容，一般都能学得好，无须劳心劳力，根本谈不上讨厌不讨厌。学生所谓天生讨厌，实际上并不是"天生"，主要有四个方面的原因：

一是兴趣爱好。萝卜青菜各有所好，所谓讨厌只是没兴趣而已。兴趣取向一旦形成，很难改变。但兴趣形成一般来说是一个过程，并非像有些学生或家长认为的是天生的，兴趣是可以培养的。没有兴趣不等于讨厌，学生讨厌某一门学科往往是被逼迫所至，本无兴趣，又不得不学，时间一长，从无兴趣走向讨厌。

二是考试失误。也许学生本来还很喜欢这门学科，但几次考试成绩很差，受到打击，就失去信心了，以后就成了一块伤疤，自己不去揭，也不让别人揭。越是害怕，考试成绩也越来越差，以后干脆以"我不是学这门学科的料"为由，意思是天生如此，也就逃脱不努力的责任。但这种负面的心理暗示可能陪伴他一生。

三是老师影响。主要是指学生因为不喜欢某学科老师，连带不喜欢某学科，尤其中学生比较逆反，如果与老师发生过矛盾冲突，或者受到过老师的严厉批评，感到很没面子，学生就很可能不计后果地讨厌这门学科。有的老师授课能力差，讲了半天也没讲清楚，学生也许是想把课听明白，结果越听越不明白，这个时候，一股怨气也会撒到这门学科上，开始讨厌这门学科。

四是从众心理。学生年轻，容易盲从，如果班级中有学生不喜欢某门学科，或不喜欢某学科老师，受从众心理影响，学生也会讨厌某门学科。而且大部分学生讨厌的是副课，语数外主课很少有讨厌的。如果学科重要，学生会认为自己没有讨厌的资格，毕竟如果讨厌，就意味着讨厌整个学习基础。

这种讨厌某门学科的情绪和行为，对学生的学习和升学都会产生严重的不良后果，这是非常可惜的。如果你已经讨厌某门学科了，怎么办？那就必须努力去纠正，偏科的毛病不治好，绝对影响升学考试。有时偏科是一个学习能力上的问题，但你有没有换一个角度去思考，讨厌和喜欢都是心理现象，解铃还得系铃人，是否可以先从心理调节开始呢？

一是认识到每门学科都是一个崭新的世界。你要这么想，学科不存在喜欢不喜欢，能力不存在天生还是后来，没能学好这门学科，是自己没有走进这个神奇的世界。中、小学的每门学科互相联系，又自成体系。你能在语文天地中漫步，为什么不可去数学星空中遨游呢？外语的世界也很精彩，物理、化学、生物、历史等各有奇妙。只要你走进去，每门学科都另有一番天地。如果你不能进去看一看，就永远失去了这种充满魅力的体验。如同看过了兵马俑，你就会喜欢西安；逛逛南京路，你就会喜欢上海；爬爬万里长城，你就会喜欢北京。

小品中有句名言："走两步试试。"你也不妨试试，说不定就还原一个不一样的你。我有个学生，高一进来就讨厌语文，中考语文成绩也是最差的。他其实并不是不喜欢语文，他讨厌的是语文考试，认为那些莫名其妙的试题永远答不对。但神奇的转折点出现在一次意外中——参加全国作文大奖赛，他的作品获得了一等奖，而且被一本杂志发表。这是他学习生涯中的一次"壮举"，自己的作文竟然"全国发行"，这是一个怎样的成就啊！从此对语文就另眼相看了，后来高考，也选择了文科专业。

二是将讨厌的学科放在优先位置。与自己讨厌的情绪对着干，越是讨厌越给予重视，持之以恒，就会其乐无穷的。譬如，安排课外补习，就先补讨厌的学科，在家做作业，先做讨厌的学科，有课外兴趣小组，先报名参加讨厌的学科等，突出讨厌学科的地位，你在不知不觉中也许就不讨厌了，因为你勇敢地踏上了"讨厌"的土地，你了解了这块土地的神奇，也有了征服感。也可能因此你的考试成绩就上来了，也走出了心理上"天生不是这块料"的误区。

想要上课认真听讲，
功夫全在一个"憋"字上

我在课堂上讲课，对学生有一个基本的纪律要求：我讲话时你别讲话，我不讲话时你可尽情讲话。我告诉学生，你与老师一起讲话，那么到底听谁的？

有人说，这是一言堂，现在流行师生互动，提倡教学相长。

我上课当然会与学生互动，我也懂得学生参与的重要性，更会创造条件让学生充分发挥。但在同一地点、同一时间内，课堂上有两个人，或者有更多的人一起讲话，那样听课的效果一定会大打折扣。而且，在课堂上，老师当然是主导。在我们当下的课堂，传授知识和技能的还是老师呀。

但是，现在总有不少学生，听老师讲课，就是憋不住，总在窃窃私语。结果，上课的内容全然没听进去。学生上课讲话主要有以下原因：

首先，是有感而发。这部分学生上课还是认真的，听到会意之处，会情不自禁随声附和。这本应是上课的最佳状态，师生互动，教学效果会非常好。但附和之后却刹不住车了，与前后左右的同学讲个不停，无轨电车一直开下去，离题万里也收不回来，全然不顾老师讲课早已换了频道。结果他一吐为快之后，才发现听课接不上了，思路跟不上了。

其次，是互相影响。这些大都发生在同桌之间。平时就是无话不谈，从自家的生活琐事到社会上的所见所闻，交流的内容包罗万象，他们之间有讲不完的话。到了上课时间，往往也憋不住，会继续他们的"交流"。上课讲了那么多的废话，就是没有讲关于课堂的内容。对老师上课的内容，有时也会偶尔听几句，但这只是顺便而已，兴趣的重点还在他们自己的话题上。

最后，是随时点评。这部分学生其实是有自己见解的，但不在课本上，而在教学内容之外。课堂上发生的一切大事小情都会引起他们的关注，并很有兴趣地点评一番。如果教室里飞进一只小虫，他们一定要关注是苍蝇还是蚊子。如果窗外下了一场暴雨，他们又会讨论今天为什么会下大雨。

我上面提到的三类上课憋不住讲话的学生都不是差生，他们的智商、情商并不低，甚至很有灵气，否则上课也无"话"可说。一个学生，呆呆地看着老师，看着黑板，心里不知在想什么，这样的学生也许更糟糕。

凭借自身的智商、情商，这些学生本可以在学业上大有发展，可惜就是上课憋不住讲话的坏习惯，严重影响了他们的学习成绩。有些家长问："小孩明明很聪明，为什么考试成绩这么差？"仔细观察一下，往往就是上课憋不住讲话惹的祸，其不良影响主要有两个方面：

一是中断了听课的连续性。每门学科都有一个完整的体系，知识点之间相互支撑，所以老师讲课前后关联度很大，逻辑性很强。就像一部电视连续剧，当中遗漏了几集，理解后面内容就会很困难，因为剧情连续不起来了。

二是遗漏了课堂上重要的内容。老师讲课中会涉及很多重要内容，如语文考试中的很多关键词，抓住一个，全盘皆活。对于重要的内容，老师还会反复强调，而这时候学生如果憋不住讲话，就很容易听不进去。我在阅卷时经常会发现，有的内容我在课堂上反复讲过，为什么学生还会做错呢？没听呀！

所以，经常会有家长来问："我的孩子看上去并不笨，为什么学习成绩如此的差？"我们不能仅仅以"学习不认真"为其诊断，上课憋不住讲废话是学习成绩差的一个重要原因。"憋不住"我并不认为完全是学习态度问题，应该是一个上课的坏习惯，其对学习的负面影响极大。

那么，如何来纠正这"憋不住"呢？我以为并不困难。只要学生上课时牢记两句话："盯住老师的脸，管住自己的嘴。"

老师讲课你跟着听课，你就没有讲话的机会。如果有讲话的冲动，就要拼命管住自己，一直管到老师停下来不讲为止，到那时你再一吐为快，这样就不会影响你听课了。

有效学习，上课争取坐前排

要使自己听课有成效，上课的位子一定要争取靠前，坐到前排去！

教室里的座位不是由老师安排的吗，不是你想坐哪儿就坐哪儿的。一般来说，座位的前后是由学生的身高决定的，矮一点的坐前面，高一点的坐后面。当然，也会参照学生的视力，略做前后调整，主要目的还是想让所有学生上课都能看得见、听得清。

虽然这是课堂排座的惯例，但还是有很多自主的空间。如果身高差不多，你就可以要求尽量靠前坐。如果有学生不愿意坐前排，你可以"自告奋勇"往前坐，按身高排座不会像按考分录取那么严格。如果你到培训学校去补习，更可以早点到教室，争取一个靠前的座位。

教室里的靠前座位，对听课就那么重要吗？我的回答是肯定的。我站了三四十年讲台，总有一种感觉，好学生大都在教室的前排。

　　有一次，毕业了三十年的学生回母校团聚，这一届我只教了一年，有印象，但并不深刻。一位矮矮胖胖的学生走过来问我："老师，您还认识我吗？"我几乎没有任何思考，直呼其名，结果她一脸惊讶地说："三十年了，您怎么有这么好的记忆！"哪是我的记忆好呢，其他学生都忘得差不多了，唯独记住了她，就是因为当年她坐在第一排当中的位子，听课又认真，我们天天面对面，所以记忆特别深刻。

　　她医科大学博士毕业后当了医生，现在是一所著名三甲医院的主任医师，事业如日中天。聚会中，她又带来了一些同桌，有公司高管，有大学教授，大都是当年坐前排的学生。我很感慨，莫非课堂前排位子出人才？

　　也许只是一种错觉，也许后排座位也出人才，但上课坐前排，确确实实有利于提高听课效率。

　　首先，前排比后排听得清楚。这个现象很明显，坐得近，听得清。老师讲课的声音强弱不一，学生听课有时也很费力，但坐前排的学生一定能听清楚，前排听不清，全班都听不清，怎么上课呢？所以，坐前排占了听课清楚的先机。

　　其次，前排比后排更易受到督促。学生听课还是需要一定监督的。老师上课时，视线基本落在前三排，后几排偶尔会关注，最后一排应该就是"盲区"了。前排的学生在老师眼皮底下，听课当然会自觉一些，后排的学生有前排的学生挡着，做"小动作"的机会就更多。如果学习自觉性差，后排学生还会结帮成伙，形成一个捣蛋的小圈子，严重影响听课。所以，坐前排占了被老师督促的先机。

最后，坐前排比坐后排更方便与老师交流。如果老师上课很精彩，就会形成一个良好的磁场，在语言上有互动，在神态上有交流，你坐在前排，与老师面对面，当然更容易受到磁场的吸引。学生的一颦一笑，老师尽收眼底，老师的肢体语言，学生也深受感染。老师调节讲课的进度和频率时，也许还会以你的理解为参考依据。所以，坐前排又占有了师生交流的先机。

坐前排听课，你占了三个"先机"，这是多大的幸运啊！到剧场观剧，前排的位子远比后排的位子昂贵，不也说明了前排座位更有使用价值吗？

老师排座位，经常会看到有的学生拼命往后缩，怕坐前排，甚至即使视力很差，也不肯承认，这实际上反映了一种消极的学习态度，当然会影响他的学习成绩。还有的学生，因为上课不守纪律，被老师调到前排，还耿耿于怀。其实老师用心良苦，应该好好感谢老师。

孩子成绩优秀，拿什么奖励他

奖励孩子，就是我们平时说的犒赏，对孩子来讲是很开心的事。但是，让孩子开心的方法很多，既然是奖励，就必须让奖品与"业绩"挂钩，而不仅仅是开心。让他憧憬开心，向往开心，从而激发学习的积极性，产生激励效应。

拿什么来奖励孩子呢？奖品的选择非常广泛，家长对此也轻车熟路。现在几乎没有不奖励孩子的家长，但你知道什么样的奖励才最合适吗？

一是孩子希望获得的奖励。每个孩子的欲望是不一样的，投其所好才能获得激励效应。究竟什么是自己孩子的"所好"，父母应该是很清楚的。我们过去处在物质匮乏的年代，多得几块糖果，也是极好的奖品，但只要是我们盼望得到的奖品，都会产生很好的激励效应。现在的孩子想获得的奖励丰富多彩，尤其是平时无法获得的东西更是格外有吸引力。约几个同学搞一次聚会，尽情地看看电视连续剧，玩玩网络游戏，包括睡个懒觉等。只要不是父母自以为是的奖励就可以，譬如孩子期末考试成绩优秀，长辈们奖励很多压岁钱，低年级学生本来对钱无所谓，可能看都不看，转手交给了父母。那么钱这个在成人眼中最实惠的奖励，对孩子也许就没有吸引力。

二是积极健康的奖励。什么是积极健康的奖励，家长要更新观念，吃喝玩乐只要适度都是积极健康的。参观博物馆，全家外出旅游，赠送一架钢琴，这类奖励更有利于提升学生的素养，寓教于乐。那什么是不健康的奖励呢？有位家长通过网络平台咨询我："孩子考试成绩好，奖励电子游戏可行吗？"我说："可以啊，但平时有没有沉溺其中？如果有，则不可以。"我以为凡是让人上瘾的奖励都是消极和不健康的，譬如网络游戏。但也并不都是负面的，只要能培养学生的专注力、思维能力、反应能力、四肢协调能力就是积极的。如果上瘾，就不行了，不仅严重伤害视力健康，也会让人神魂颠倒。再譬如，我看到一位家长给孩子的奖励是吃糖果，那孩子嗜糖如命，平时不允许吃，考试成绩好，父母则慷慨奖励，殊不知孩子的牙齿已经蛀坏了。

三是成本最少的奖励。这就是精神奖励，成本最低，收获最大。家长很容易想到口头表扬，这当然是最常见的。除此以外，还有许多。譬如，亲情抚慰，来一个拥抱，陪孩子说说话，多一点笑脸等，不仅低年级学生很需要，其实高年级学生也需要，只是不好意思直白表达而已。有位高中男生在作文中写道："我父母天天在家争吵，没完没了，家就是一个冷窖。只有我考试得了全班第一，他们才会暂时休战，脸上露出难得的笑意。就像乌云驱散后的阳光，特别珍贵。为了家里这一抹阳光，我学习特别努力，我要争全班第一，我要像其他同学一样，家里充满阳光。"

其实，对大多数学生来讲，奖励的轻重并不一定很在乎。成人在乎奖励的含金量，学生在乎奖励的获得感。平时得不到的，能够满足他一次，也许胜过真金白银。幼儿园小朋友奖励一朵小红花，胜过你给他一条金项链。"三好学生"是学校给学生的荣誉，获得这一荣誉非常不容易，但成本呢，只是一张纸质的奖状而已。

如果家长想要获得更好的效果，还应注意奖励方式，这也很重要。

一是言而有信。鼓励孩子努力学习或考试，父母作出了奖励承诺，这个承诺应尽可能具体、容易操作，这样才会让学生产生学习的兴趣，提高其学习积极性。家长承诺前要想好，当孩子达到奖励目标，父母一定要兑现承诺。有的家长信口开河，对孩子说："你要是考到全班前三名，我奖励你十万元。"结果孩子考试成绩真的进了前三名，家长就尴尬了。古代曾子杀猪的故事大家也许都听说过。曾子的老婆要去集市买东西，儿子吵着也要去，曾子老婆哄孩子说："等我回来，杀猪给你吃，别吵了。"等曾子老婆回家时，却见曾子准备杀猪。老婆阻止曾子说："我只是哄哄小孩子。"曾子说："母欺子，子而不信其母，非所以成教也。"于是，真把猪给杀了。

二是及时奖励。不想赖掉奖励，但也别拖着不办，奖励越及时，奖励的效果越好，这样容易形成奖励与学生之间的条件反射，增强奖励的兴奋点。有位家长考试结束就奖励，成绩还没出来。我问他："你奖励什么呀?"他说："奖励辛苦和努力。"我认为只要讲清奖励的对象也完全可以。

我常常说："表扬努力比表扬成绩更重要。"譬如，有家长承诺，考试成绩好，全家出国旅游。结果孩子考砸了，旅游费早已预付，怎么办? 那么到底还要不要奖励。旅游费早已预付了，虽然考试考砸了，旅游还可以照样去，奖励的内容可以改为犒劳辛苦和努力，岂不两全其美?

先做作业的快乐与
先玩乐的快乐是不一样的

　　学生回家，面对一大堆作业，是先玩乐再做作业呢，还是先做完作业再玩乐？这是放在每个学生面前的两个选项。老师和家长的意见比较一致，先完成作业再玩乐。而学生往往相反，回家先玩起来再说，如果家里没人督促，可以玩到忘了作业。

　　如果我们同意他先玩再做作业，那么会一发不可收拾，常常休息娱乐而忘了学习。先吃点东西，再看会儿电视，甚至干脆开开心心玩一阵子电子游戏，玩累了，就小睡一会儿到吃晚饭。让他做作业简直就像是一种苦役，磨磨蹭蹭不愿打开书包。

　　什么原因呢？孩子从小娇生惯养，缺乏吃苦耐劳的毅力；中小学生又缺乏自控能力，玩起来没个头。再说，好逸恶劳大概是人的天性，休息娱乐是"逸"，做作业是"劳"，两者孰先孰后，实质是先苦后甜，还是先甜后苦。现在的学生往往选择先甜后苦，做作业能拖则拖，能懒则懒，真正勤奋学习的学生并不多。有位高中老师告诉我，过去，学生不完成作业是个位数，现在，学生完成作业的是个位数。

那么，有没有办法让学生重新养成完成作业再休息娱乐的好习惯呢？我的看法是除了要给孩子讲点小道理，还要让孩子体验先完成作业的快乐。

道理之一，给他讲拖拉作业的恶果，一定要杜绝拖拉作业的坏习惯。学校布置的作业必须要完成，别人能完成，你也要完成，这个没商量。如果不完成作业就会越积越多，多到你直不起身子，就会有永远还不清的负债感。如何向老师交代？这个负债感很沉重，你在玩乐的时候，不可能对作业这座大山视而不见，背着作业的包袱，再怎么玩乐也不会尽兴。

道理之二，给他讲时间的紧迫性。从放学回家到上床睡觉，除去吃晚饭，一共有多少时间？玩乐花去了多少时间？还剩多少时间用于做作业？时间不够用怎么办？在精神疲惫的状态下熬夜，作业怎么会有质量？作业没质量，又怎么提高成绩？

有个学生，体育、文娱在班级都是拔尖的，就是学习成绩不拔尖。我布置每天写一篇小作文，天天练是为了提升学生的写作能力。肯定是到要交作业的时候来不及了，他一口气写了 7 篇文章，但每篇都不超过 20 个字，我只能给他零分。

道理之三，让他体验作业完不成的负罪感。作业做得没质量，或者作业没完成，对一个学生来讲是严重的缺点，会影响学生自己的形象。除了对不起父母、老师的期望，在学生中也会受到歧视。在这种状况下，怎么能玩得开心！

那么，先完成作业再玩乐呢？就会是另一种状态。

首先，是感觉轻松。完成作业就如卸下身上的重担，有一种辛苦之后休息的快乐感，这种快乐没有经历过辛苦的人是无法体验的，如你天天娱乐，也许就体验不到娱乐的快乐了。我们学生在学校里上课，天天喊累，特别珍惜双休日。但到了寒暑假，放松两个月，天天休息，又会感觉很没劲。

其次，是有成就感。战胜了自我，战胜了惰性，完成了作业，值得骄傲。其实谁都希望有成就感，只是学生很少用"成就感"这个词来表达，他们也非常渴望成功。能够正确解答试题，心中一定是幸福满满。我与学生对试卷答案时，学生做对了，就会情不自禁地尖叫。

最后，是体验受到赞扬的幸福感。老师和家长几乎都肯定先完成作业再玩乐的做法，所以你这样做了，一定会受到赞扬，那玩乐时也会开开心心。如果先玩乐再做作业，还要担心老师和父母的批评，有时还要偷偷摸摸，不敢"光明正大"。

先做完作业再玩乐的学生，玩乐时可以酣畅淋漓；先玩乐再做作业的学生，玩乐时会提心吊胆。同样是玩乐，快乐却是不一样的。先苦后甜甜更甜，先甜后苦苦更苦，是不是这个道理？

我一直给学生讲，学习和玩乐我们都需要，只要安排得当就很好。最糟糕的状态是，做作业时想玩乐，心思不定；玩乐时又担心作业，心事重重。

学习成绩中游并没有什么不好

看到这个标题，会否有家长马上用手捂住，然后紧张回望孩子，看他是否也看到了。这位资深的老教师，竟然不鼓励学生力争上游，反而提倡甘居中游，岂不误人子弟？

有家长和孩子看我写的关于学习方面的书，用我文章的观点互相攻击。有位学生给我发微信："我爸爸拿了您写的文章《好学生、差学生，最根本的差异在两种品质》责问我，这种品质你怎么没有？我回答他，你怎么不看看那篇《家长的絮叨是考前大忌》呢？只会教训我！"

所以，我在文章中每提出一个观点，一般都很慎重，怕引起家长和学生的误解。对于学习成绩中等的学生的评价，我认为有认识的误区，早就想说说，并且不说不快。虽然标题有些敏感，但大家如果明白了道理，也许家长会缓解焦虑情绪，学生的学习也会稳步提高。

面对学习竞争，现在整个社会情势是什么？我用八个字概括：

急功近利，拔苗助长。

一切围绕考试和升学，凡是有利于考试和升学的，无所不用其极，凡无关考试和升学的，唯恐避之不及。为了在考试中获得先机，拔苗助长式的比拼，结果还是没能让孩子成绩拔尖，父母如何不心焦？

遇见熟人，问及他们孩子的学习成绩，"一般般啦""不上不下啦"，言语中很是失望。

其实，学习成绩一般，处于中游水平，根本就不需要失望，因为你孩子的学习很正常，且充满潜力。孩子也许根本不需要拔尖，也会很有发展，你应该庆幸。为什么这么说呢？

首先，拔尖的学生压力非常大。拔尖是极少数人的事，是金字塔的塔尖，绝大多数学生都是"一般般"，学习成绩处于中游水平。当然，还有相当一部分学生处于下游水平。凡是拔尖的学生，大都是依靠天赋和勤奋。天赋不是人人都有的，那么只有靠勤奋。主要依靠勤奋拔尖的学生很苦很苦，要忍受生理和心理的双重压力，常常弄得疲惫不堪，超出极限，有可能被压垮。

我认识一位在机关工作的领导，我曾是他儿子的班主任。这个学生在重点高中读书，是学习成绩拔尖的学生，很要强，而且非常听话。领导也会到学校来与我聊聊，我们说话很随便。每说到他儿子，他满面春风，眉宇间透着自豪和幸福。他最得意的一句话："我们从不给他压力，是他自己喜欢学习。我们让他多休息，但他自己要读书到三更半夜。"高中毕业后，儿子考进了一所名牌大学。但以后遇见领导，他却不再谈他儿子，而且故意回避谈儿子，我有一种不祥的预感。不久，有人偷偷地告诉我，他儿子脑子出了问题，已休学在家！听了这个消息，我心情特别沉重，因为我知道，这个学生的学习能力本身并不强。

成绩中游，比上不足，比下有余，且是学生中的大多数，学习心态一般不会很差。往上有尖子生引领，往下有差生托底，学习压力轻很多。万般焦虑的也许是家长。

其次，拔尖的学生能力比较单一。当然也有全面发展的拔尖学生，成绩优秀，又活跃在各个兴趣领域，情商也高，但这样的学生并不多。更多的尖子学生的能力体现在应试上，保住尖子的位子并不容易，往往是"勤奋出天才"。他只能在应试上拼命发展，几乎投入了所有的时间和精力，也就无暇顾及其他发展，成为考试的工具，到头来很可能成为我们所说的"高分低能"的学生。

如果学习成绩处于中游水平，争不到尖子的位子，却可以往其他方面发展，往往成为另一种激励。科举时代，多少头悬梁、锥刺股的读书人考中状元，现在留给我们知晓的有几人？写了《聊斋志异》的蒲松龄，一辈子都没考取功名；《红楼梦》的作者曹雪芹，也没有进士及第。如果他们当年全身心地去考科举，也许中国文学史上也就失去了这两颗最璀璨的明珠。

最后，拔尖的学生未必发展好。在中小学阶段，拔尖的学生大都是学校和老师的宠儿，他们会产生一种心理优势，认为学习成绩好就是一切。有的书读得越来越好，但情商却越来越低，答题能力越来越强，但动手能力越来越弱。学习成绩中游的学生少了许多"受宠"的机会，他们随大流，以我的观察，他们的心智成熟比较早，也更懂如何选择自己的路，这就获得了更多的发展先机。

学校招聘老师，我曾面试过一位应届博士毕业生，他想当老师。面试结束，我对他的印象不很好，知识面不宽而且木讷，缺乏当老师的基本气质。我婉言拒绝了他，他竟天真地问我："不都讲择优录取吗？我是博士，还不够优秀？"

其实，我在这儿并不是鼓励学生甘居中游，你的天赋品质高，尽可尽情发挥。我是想说，你的学习成绩如果长期处于中游水平，也不必过于失望和自卑。一个学生学习成绩拔尖也好，中游也好，只有将来能成大事者，才能证明当年你是一个学习的成功者。

爱阅读书籍的学生一定是个好学生

我们可以想一想，大家心目中的好学生，无非是学习好、品德好、身体好的"三好学生"。除了身体好之外，另外两个"好"都与书籍阅读息息相关。阅读书籍，能从书籍中获取知识，陶冶情操，扩大视野，品味人生。对书籍爱不释手，是多么好的一种学习习惯啊。

也许有家长说："我的孩子天天上课学习，天天读书，怎么没你讲的那么好？"家长说的"读书"与我讲的"读书"不是相同的概念。在学校，读的主要是教材，主要思考、理解学科知识，而我讲的阅读，是课外拓宽视野，是培养习惯，一般不需要"思考"。譬如，阅读小说《红楼梦》，只需要追求故事情节，可以泛读。作为中小学生，不需要去思考贾宝玉与林黛玉的爱情说明了什么。但具有广博课外知识和有空就翻书的学生，与只在课堂上读书的学生相比，学习能力和思想境界是完全不同的。

可惜的是，学生阅读的习惯正在严重退化，退化得让当老师的有些心疼。

据媒体报道，中国人读书年均 0.7 本，韩国人年均 7 本，日本人年均 40 本，俄罗斯人年均 55 本，以色列人年均 64 本。我国的中小学生年均多少？没见过相关统计，如果调查一下，也许并不乐观。我曾去过几所中学图书馆，发现学生的借阅量之低，几乎令人不敢相信。几千人的学校，其中住校生近一半，那么多的课外时间，竟少有人去图书馆看书、借书。有关登记记录显示，一天之中，学生来图书馆最少时只有 2 人，最多时也只有 9 人，一星期借阅量不满 20 人次。如果用门可罗雀形容图书馆，一点也不为过。

有些资料显示，以色列是一个爱读书的民族，是唯一一个没有文盲的民族，就连乞丐也离不开书。知识就是力量，读书彻底改变了以色列的国运，以色列在连年战争的恶劣环境中崛起，建国时间很短，却科技发达、人才济济。这么一个小国，诺贝尔奖获得者高达 8 人。书中藏着思想，藏着智慧。

我所见到过的好学生几乎都具有良好的阅读习惯，有着良好阅读习惯的学生，应该也是将来最有前途的学生。那么什么是良好的阅读习惯呢？8 个字可以高度概括：喜欢读书，经常读书。

可是，为什么现在学生的阅读严重退化呢？当然，我这里指的阅读主要是纸质书籍。

一是沉重的学业负担下没有时间去读书。我们的学生几乎天天在读书，但读的是教科书、教辅书，而且读得很累。这是一种功利性（为了考试）阅读，是一种被动阅读，仅仅是老师布置的阅读作业。而良好的阅读习惯是博览群书，喜欢阅读，两者并不是一个概念。

二是现代生活的多样性挤占了学生的阅读空间。即使有空余时间，也少有学生静下心来阅读书籍。与过去的学生相比，身边常备一本"闲"书，随时静心阅读，有很大的差别。他们认为班级同学聚会，学校各类活动，社会上的各种娱乐，比起读书有趣得多。电子书、电视、微信大量进入学生生活，这种视觉愉悦也远超纸质书籍。读书，成了被遗忘的角落。

三是社会、家庭缺少读书的文化氛围。中国人年均读书只有0.7本，可见我们成人既不怎么读书，也不关注读书。得不到书香熏陶，学生也不会认为读书很重要、读书很必要。有学生不服气地跟我说："我爸爸一边玩手机，一边看我做作业，他凭什么这么开心，我凭什么这么痛苦？"

四是学校缺乏读书方法的引导。现代生活快节奏，学生面临新事物、新问题，要做的事情很多。过去学校提倡学生读书，现在似乎没有把学生阅读放到一个重要位置。以前我当老师时，学校经常组织读书活动，请作者讲座，开展书评活动，有声有色，学校图书馆的新书介绍也很吸引人。他们会告诉你最近出了什么新书，哪些新书很值得读，等等。现在这些工作都淡化了，读者也没有了，还介绍什么新书？学生面对满架子的图书，还真不知道从何起步。

也许有人认为，有了当代丰富多样的学习渠道，不再需要静心阅读。也许有人认为，有了电脑、手机可以改变过去的阅读习惯，更有人认为，如今这个激烈竞争的社会，哪还需要静静地读书。那么，韩国、日本、俄罗斯、以色列面临同样的现代化，他们也不缺少竞争，不缺电脑、手机，为什么他们读书的年均量比我们高出那么多？

其实，对学生而言，良好的阅读习惯是其他任何方式都无法替代的。我常告诉学生，在所有的学习活动中，阅读永远是主食，其他都是佐料。我是有理由的：

首先，学习的主渠道是纸质书籍的阅读。你经常使用的教材是纸质书籍，练习卷、参考书都是纸质的。也许有人说，将来学习都会数字化，但到目前为止，还未达到这个状态，即使达到了，学习都用刷屏进行，你的眼睛能否受得了。据我所知，由于学生视力承受能力有限，发展多媒体教学是受到强烈质疑的。

其次，书籍阅读给你带来语言文字享受。刷屏中的图像包括文字述说，形象直观，很受学生欢迎，但是再形象再直观，却缺少我们中国语言文字表达的韵味？那种神韵，那种情感，那种深邃，非得细读品味才能深得其味，这就是书籍语言文字的魅力，其他载体无法替代。这就是为什么许多人看了《红楼梦》电视连续剧后，还要去阅读《红楼梦》原著。如果养成了良好的读书习惯，你的思想品质、审美素养、写作水平都会有极大的提升。

最后，良好的阅读习惯有助于你学习成绩的提高。

你对读书有兴趣，那么一定会视野开阔、思路敏捷。有了知识和能力这两条优势，学习成绩怎么能不提高？如果养成读书习惯，阅读成为生活的一部分或第一需要，那么你一定是个爱学习的真正的"读书人"。

你是否已养成良好的阅读习惯，可以从六个方面做一个自测：

（1）空余时间是否首先想到去阅读书籍？

（2）读书时是否很讨厌他人的干扰？

（3）阅读一本有趣的书，是否会不舍得中断？

（4）是否很喜欢去图书馆，在那儿感到很愉悦？

（5）除了教科书外，书包里是否还经常有其他书籍？

（6）统计一下，一年内你读了几本课外书籍？

是否是学习的"料"，
看他一个人时在做什么

我们平时讲这个学生很优秀，应该是指学习成绩好和以后发展得好。如果只有成绩好，没有发展得好，那前一个"好"实际上是没有意义的，就如学了一身屠龙的本领，全是白费。

有家长很纠结，问我："你给我参谋一下，我到底要不要让儿子去面试民办中学。我儿子读书不认真，屁股坐不住，我看他不像块读书的'料'。"

他的孩子是不是读书的"料"，我当然不敢贸然下结论，但我认为家长可以了解孩子是块什么"料"，不是只有成绩好才是块"料"。我认为："每个人在社会上都是一块'料'，有的是做床的'料'，有的是做橱的'料'，用对了都是好'料'，只要不成为废'料'就行。"

一个学生学习的最终结果是否成功（是否成功有不同理解），一般有两个基本因素，一是先天条件（天赋），二是后天环境（努力）。这位家长担心的大概是先天条件，主要包括智商、情商、个性品质等。确实，很多家长都希望自己的孩子是一个优秀的学生，如果孩子聪明好学，又有一个理想的学习环境，那么，学习成绩好的概率会非常高。

但是，一个人学习的先天条件是有差异的，这个不承认不行。譬如，学生背古诗词，有的五分钟就能背会，有的半小时还背不会，有的一教就会，有的怎么教也学不会。家长可以观察孩子平时是否喜欢读书，能否听懂上课的内容，有什么兴趣爱好等，再以学习成绩作参考，基本上能大致了解孩子的学习能力。这对以后选择学校有很重要的参考价值，也能确定要不要去拼名牌学校，我们不能仅以"屁股坐不住"作为唯一的判断依据。

看一个学生是不是读书的"料"，或者说是块什么"料"，我再教你一个观察的方法，也是一位很有经验的家长告诉我的："注意观察孩子，一个人时他在做什么？"

这是一个很好的方法，在一个完全没有外力影响的状态下，孩子的一切所作所为，表现的都是真性情，是一种原始个性，很客观。这种信息真的很珍贵，家长要善于捕捉和分析。

不论是做作业，还是摆弄玩具，哪怕是玩网络游戏，有没有专心致志，这能反映学生是否有专注力，有无持久性。家长经常看到孩子做作业坐不住，但他玩手机一坐就是几个小时，那就不能认定他缺乏专注力。

孩子一个人空下来，首先去做什么。看书？看电视？玩游戏？或者是一个人静静发呆？或者是倒头便睡？这些能反映学生的学习习惯和兴趣爱好。自觉做功课的孩子其实并不多，不能看到他们有时间也不捧书本，就认为一定不好学。

碰到不会做的试题、遭遇失败，是否发脾气，是否一走了之，是否大呼小叫寻求助，其反映的是抗挫能力。

生活换了一个环境，从书房到客厅，从家中到宾馆，习惯和态度有无变化，反映的是适应能力，这很重要。有的学生在学校教室考试和到外校考场考试，成绩大相径庭。

这类观察点很多，也很真实，在决定孩子发展方向时，会很有帮助。

有一个学生考进了电影学院表演系，他妈妈跟我说起了一段往事。她说我们家长平时忙于工作和家务，儿子读初中时，也没发现他有什么特长，学习成绩也一般。但经常发现他独自一人躲在房间里，把门反锁，一进去就是两个小时。我们不放心，就偷偷隔着窗户观察，不看不知道，一看吓一跳。他一个人在房间里，床上堆满了衣服、毛巾。儿子照着镜子，一会儿扮成老农民，一会儿扮成少数民族，模仿各类人物的言行举止，自得其乐。开始还以为儿子中了什么邪，转而一想，莫不是他有表演天赋。就这样，让他初中毕业去考了艺术学校。

家长如果认为这个方法有道理，不妨你也试试。让孩子独处，你去仔细观察，说不定也会有许多意外的发现和收获，也许能帮助孩子决定将来的发展方向。

好学生、差学生，
最根本的差异在两种品质

我这儿所说的好学生、差学生，仅指学习成绩，无关其他方面，因为一个学生优秀与否的评价，还有更多的标准。

不少家长跟我抱怨，千方百计让孩子进名校，在学习上满足一切要求，花了不少钱让孩子参加补习培训，关心孩子的一切冷暖，关注孩子的一言一行，但为什么就是没有优秀成绩的回报？有时怀疑是不是孩子的智商有问题。

我们做老师的也总在想这个问题，好学生、差学生之间客观上究竟存在着哪些差异？

一是个人天赋的差异。也就是我们平时所说的天生聪明，人的基因有时起了很大作用。但聪明的学生成绩不一定优秀，不少差生也很聪明，只是聪明不表现在学习上，许多学生很聪明但学习成绩却很差。如老师们都会面临这样的状况，有些差生，学习成绩不好，但做坏事却聪明得让老师目瞪口呆。

二是学习条件的差异。有钱可以给孩子提供优裕的学习条件，请家教，买先进的学习用品，还有去别人家的孩子去不了的贵族学校。优裕的学习条件自然有利于取得优秀的成绩，但教育界有个共识，学习条件不决定学习成绩。很多富贵人家出了不少纨绔子弟，相反，贫穷的山沟里经常飞出金凤凰。在我的教学生涯中，并没有觉得学习条件优裕的学生有很大的学习优势，否则很多投资孩子教育的家长就不会鸣冤叫屈了。

三是学习基础的差异。很多家长笃信孩子不能输在起跑线上，似乎这能决定一生的成绩。老师有时也会对家长说，学生成绩差，是他学习基础薄弱。学习基础当然很重要，但管不了一生的成绩，否则高校录取只要看小学的考试成绩就可以了。其实，学习后来居上者并不少见，尤其是男同学，到了高中后会有很大的爆发力。

四是努力付出的差异。这个肯定是一个原因，学习成绩与付出的努力密切相关，一分耕耘，一分收获。但努力和学习成绩有时也不一定成正比，在一个班级中，学得很轻松的好学生和学得很努力的差学生并不少见。

五是个体性格的差异。人的性格分为理智型、疑虑型、情绪型、外倾型、内倾型等类型。有研究认为，可能某种性格类型比较有利于学习，所以学习就优秀。但研究性格的学者又认为，任何一种性格类型，都具有正反两方面的发展倾向，似乎也不是学习成绩的决定因素。

六是健康状况的差异。身体是工作的本钱，身体也是学习的本钱。学生的学习活动既是脑力劳动，也是体力劳动，有很多的消耗，需要有一个健康的身体，对于病患学生来说是一种考验。但我们也确实见到过许多身残志坚的好学生的例子，他们克服病痛，成为学习尖子；而许多身体很棒的运动员，文化学习成绩却不一定优秀。

学生之间的差异还远不止这些，但是这些因素造成学生之间学习成绩的差异是很常见的，但又不是绝对的，通过自己的改变，完全有可能弥补这些差异。

好学生、差学生也许与这些差异有关，也许不是，我没有调查过，但以我阅学生无数的经验来判断，学生学习活动中的两个方面的关键差异，可能对学习成绩，甚至一生的学业发展产生最直接的影响。家长也可以观察一下自己的孩子。

第一方面，学生的参与性。通俗一点说，就是学生做什么事情都很起劲，很想干、很能干。不管是学习活动，还是集体活动，都是一个积极的参与者。这种学生兴趣广泛，注重自我，有好奇心、有热情。学校里有很多这样的好学生，不仅学习成绩优秀，还担任学生干部，喜欢参加各种兴趣活动，情商很高。我们学习的各种知识，参加的各种活动，实际上都是互通的，这样的学生达到了真正的全面发展，学习成为一种积极的自发行为。有些家长怕影响学习，不鼓励学生参与，实际上是非常短视的。

缺乏参与性的学生也不少。这样的学生平时不愿意参加学校活动，无精打采，上课畏畏缩缩，从不积极发言，遇到事情能不做尽量不做。这样的学生怎么会有学习动力呢？

第二方面，学生的自控力。具体来讲，就是控制自己的能力，也就是说知道什么事该做，什么事不该做，并以此作为自己的行为准则。具有自控力的学生一般都能明辨"是非"，低年级的学生主要靠老师、父母约束，高年级的学生主要靠个人。

没有自控力的学生做什么事都容易出"轨"，不辨是非，糊里糊涂，有时明知故犯，甚至渴望冒险刺激。老师经常向家长"告状"的往往是这类学生。

我一直以为学生的参与性与自控力是最优秀的学习品质。打个比方，我们开车，参与性如同油门踏板，踩上去可以让车子飞跑起来，自控力就是刹车踏板，跑偏了就果断刹车。一个司机如果准确用好这两块踏板，车子一定开得顺顺当当。

拉平学生之间的客观差异，有时做不到，但培养学生的参与性和自控力，却是完全有可能的。

想要成学霸，先要会背书

学生之间常会互相问："你书背会了吗?"背书是通俗的说法，实际上就是背诵，就是记忆。

说到背书，大概是学生最头痛的学习任务。英语单词、数学公式、化学元素周期表等都要背，还有那读不通的文言文，老师揪住不放，都要背诵。

我每次在课堂上布置文言文背诵作为回家作业，总能听到满课堂的不满声和抱怨声，讨价还价的建议此起彼伏。"两天怎么背得出，起码给一个星期的时间。""熟读可以吗，别背了吧!""我是肯定背不出的，请老师多关照。"我大声要求："教材要求背诵，怎么能不背? 先去组长那儿背，然后我在课堂上抽背，背不出的另选时间默写，一律打分，作为平时成绩。"完全没得商量。学生一片叹息，有的偷偷嘀咕："太残忍、太残忍。"学生的抱怨声，我全听清了。

有的学生还会与我"辩论"："不是教学上都反对死记硬背吗?

很多专家、学者都反对的。况且现在是信息化时代、人工智能时代，要找点什么资料，随便搜搜都可以找到，为什么要让我们这么'落后'呢？"

学生怨恨背诵，因为背诵很枯燥，而且有些内容也很无趣。主要的方法还是死记硬背，感觉十分痛苦。

学生讨厌背诵，因为有的学生记忆能力比较弱，前背后忘，比做作业还辛苦。他们尝试过多种方法，但都没有用，对背诵完全丧失信心。

学生不愿背诵，因为感觉背诵没什么用。全是别人的思想和知识，背它干什么！譬如文言文，是过了上千年的古董级作品，现在根本用不着了，为什么还要背诵。

学生的想法并不是完全没道理。但想当学霸，考试成绩要优秀，现在的考试机械性记忆的内容还是占了相当大的比例，考试有时就是背诵的竞争、记忆的比拼，考试成绩优秀的学生往往是背诵最出色的。

背书能力既是一种学习能力，也是一种非常重要的应试能力。考前复习你做的最多的是什么？是背书。除了体育以外，数学、物理、化学、历史、地理、政治、语文哪门学科没有背诵要求？是的，学生学习的重要目标是提升思维能力、创新能力，但这些应建立在什么基础之上？就如高楼大厦用什么来建造？图纸设计？能工巧匠？都需要，但没有钢筋、水泥，一砖一瓦，大楼能造得起来吗？背书就是知识在头脑中的积累，就是用来建造大楼的一砖一瓦，积累越多，考试就越有优势。有学生走出考场跟我说，英语选择题，四个选项，单词没有一个认识的。那还怎么考试？

所以，必须先有材料。当然头脑中有了"材料"还要会用，这些材料不会自动变成高楼大厦。想要成学霸先要会背书，关键在一个"先"字。

拿学生最头痛的文言文背诵为例，如果头脑中有了丰富的材料积累，绝对会提升语文考试成绩。面对升学考的语文试卷，在三个方面有很强的优势：

一是应对语文知识、名言名句类的填空题、选择题会非常顺手，因为都背出来了。

二是文言文的字词解释和句子翻译一定能做得很好。因为背诵文言文给了你原汁原味的古汉语语感。见到这些词句会很熟悉，即便试题答不出来，就是猜，准确率也会更高。人们常说："熟读唐诗三百首，不会作诗也会吟。"

三是提升作文能力。作文在试卷中占有非常大的比例。文言文以表达精炼著称，背诵了不少文言文，受语感的影响，你遣词造句也会更精炼通达。许多典故、成语都源于文言文，你在作文中能很自然地使用，文采非凡，当然就能提升考分。

笔记记在课本上，
是课堂学习的一个好方法

有一次我参加一个学生座谈会，在与学生交流中，我讲笔记可以直接记在课本上，这是一个很好的方法。不料学生全用异样的眼光看着我，笔记不是记在笔记本上吗？在边上的班主任更是尴尬，眼神表现得非常诧异。其实，我在很多地方讲过这个观点。

最近看到一则新闻，介绍郑州外国语学校的一位高三学生，是2019年省高考状元。谈及自己的学习体会，其中有几句话，也讲到了课堂笔记："上课只顾笔记了，成了一台语音转换器，老师讲什么就记什么，完全不过脑，课后翻出笔记，满满成就感，可是又没能认真看，到头来，根本没有学进去，这是一种'假学习'。"

他的体会似乎与我的观点有相似之处，都认为传统的课堂笔记不一定是好的方法。他的看法是上课只顾笔记了，到头来，根本没有学进去。我的看法是，笔记直接记在课本上，就能弥补这个缺陷。

课堂笔记怎么记？做学生的都已很熟悉。传统的方法是要准备一本笔记本，最好各学科的笔记本要分开。低年级学生的课堂笔记由老师"关照"，哪些内容必须记下来，常常是依样画葫芦。到了高年级，学生一般按照自己的理解，将重点、难点记下来。到了大学，根本就没人管你笔记怎么记、记什么。所以怎么记笔记，一般是在初高中阶段打好基础，这是一个最佳时间段。以后会不会记课堂笔记，将直接影响你的学习成绩。

课堂笔记的作用是什么？主要有两个：一是帮助记忆，好记性不如烂笔头；二是理清思路，在听讲时写写画画，也是一种思考。

由此可见，记课堂笔记是听课的一个好习惯，也是一个好方法。但如果使用不当，反而会影响学习效果，也就是高考状元所说的变成一种"假学习"，看似认真，其实无效。怎么会这样呢？我以为我们的教育都要求规范化，却很少去问一问实际效果。学生记笔记其实也是各式各样的，有的记录速度很慢，跟不上老师讲课速度，有的没有一心二用的能力，有的根本就不会记笔记。

传统的课堂笔记方法费时费力，很多学生也没有高超的速记能力，为了做课堂笔记，往往手忙脚乱，听课的效果大打折扣。因为一个人在同一时间内，听课、思考、书写三者要同时完成，往往顾此失彼。所以不少学生也许都有这样的经历，上课笔记记得很认真，等记完了一抬头，却发现老师讲什么反而听不懂了。

牺牲了听课效果换回一份清楚完整的听课笔记，是否就能顺利应对考试了呢？不一定。这份笔记似乎给你带来了成就感，但如果当时只顾记录，并没有经过大脑吸收，那么就都是别人家的库存，绝不会变成自己的知识技能。有时学生因缺了几堂课，会去央求同学，课堂笔记让抄一下，似乎可以替代听课，却不知课堂笔记是根本无法弥补听课缺失的。在所有的学习活动中，听课永远是第一位的。否则买本教辅书看看，岂不是人人都可以自学成才了？

为了避免因专注记笔记而影响听课，我主张将课堂笔记直接记在课本上。但我也认为对尚在学记笔记的低年级学生和需大量笔记的一些学科不一定适宜。除此以外，完全可以试一试。用这个方法非常方便，只需一边听课一边记录，如有较多内容，可找书中的空白处记。再不够，记在纸上贴上去，只要自己能看懂就可以。到了复习迎考时，翻开课本一览无余。使用这个方法时应遵循两个原则：一是笔记不必求多求全，点到即可；二是笔记不必全是文字，看懂即可。

我在教学中，经常看到有些学生学习很认真，尤其是一些女同学，记笔记时连老师讲的一些课外小故事也一字不漏地记下了，但即使这样，考试成绩仍不理想。我有时就会想，这是不是记笔记太认真惹的祸呢？如只顾记笔记，没有时间和精力听课？没有效果的学习，岂能有好的学习成绩？如果我们懂得了这个道理，果断地改变自己的笔记方法，也许从此就改变了你的学习命运。

对做错的试题要加深印象

每次试卷分析，我将卷子发下去，学生一定是先看自己的考分，然后看别人的考分，再互相攀比讨论，声音此起彼伏，有的还很激动。等我开始分析试卷时，他们仍然沉浸在考分的情绪中，不能认真听我讲课。

有的老师为了防止学生答题一错再错，要求学生每人准备一本错题集，将自己做错的试题集中记录下来，经常看看，吸取教训。但这本错题集学生是否真能经常看看，老师并不知道。

做错试题，学生如果是这种态度，那就没有任何意义，如果不吸取教训，错题还是错题，下次可能还会做错。

我们提倡，面对错答，学生要在头脑中留下深刻的印象，要刻骨铭心，这样就能吸取教训，不会再犯第二次错误，这种记忆比做对题深刻百倍。也许以后，做对的试题也会做错，而做错的试题却永远不会做错。

我就有过这种"刻骨铭心"。上课时，学生的名字我会读错，学生现在起名用字越来越生僻，上课时，我一不小心，就读了错字。虽然我会事先查字典，但总有百密一疏的时候，有些错读脱口而出，我真的很窘迫。夹杂着学生的嬉笑，他们齐声为我纠正。我一个语文老教师，毕业于师范大学中文系，让我的面子往哪儿搁？这种印象怎么会不深刻，以后再碰到这个曾读错的字，我一辈子都忘不了。读学生的名字，使我认识了不少生僻字，意外收获不少，多亏那刻骨铭心的窘迫。

北京有所著名大学的校长，将"鸿鹄之志"中的"鹄"念错了，引起网上热议。有时电视台节目主持人念错一个字，也易引发观众议论。中国汉字难认难读，举世无双。作为大学校长、节目主持人，作为语文教师，特别有损于颜面，但此后，印象一定十分深刻，再遇到相同的字，怎么也不会念错了。

作为学生，做错题就应该产生这种效应——刻骨铭心。如果你的注意力只停留在考分上，为高分和低分欢呼、沮丧，却没有真正弄清楚正确答案，没有刻骨铭心地记住，那么很可能以后还会出错。

你可以这样想，怎么连这种题目也做错，我怎么会犯如此低级的错误，不应该啊！除了根本不会做的题以外，很多做错的题的确让人后悔，很不应该。譬如，数学试题计算错误，英语试题写错单词，语文试题没有看清题意，等等。其实，只要多长一个心眼，这些错误都是可以避免的。这种不应该，难道不值得你刻骨铭心吗？

有位同学，同样一道数学题，测验时做错，考试时也做错。家长很恼怒，斥责他怎么这么笨。他说："我不笨啊，按常规，考过的试题不会再考了，我是失算了。"其实他是自作聪明，不同的考试有自己的命题范围和原则，难道学校期末考试的试题，中考、高考就不会考了吗？这位学生的问题是做错题后没有改正并牢记。如果当时他能刻骨铭心，以后随便怎么考，都不会再答错。

自习课应该做什么

有家长愤怒地跟我说："又是自习课，又是自习题，一周要有几节自习课？都上自习课，你们老师做什么？自习课不就是放羊吗？是没人管了吗！"

我说："你就不能想想老师的好，动不动就以为别人偷懒。适当的自习课是必要的。"

学校安排自习课，一般有主动和被动两大类。主动的是在完成正常课程之外再增加自习课，譬如住宿学校晚饭后天天安排的自习课。被动的是老师因开会、生病等原因临时缺课，又没人顶课，只能安排自习，这也实属无奈。

自习课，顾名思义是学生自己学习，老师不讲课。学习内容一般可以由学生自行决定，也可以由老师统一安排，按正常教学课的纪律要求。也许有家长会问，既然是学生自己学习，为什么自习不可以在家进行呢？这与家里学习有什么区别呢？其实自习课与家里学习是有区别的，尤其是主动安排的自习课，一定是教学的需要，意义重大。如果家长与学生一样，认为自习课就是放羊，那么其效果真的就是放羊，随心所欲地浪费时间。

一是相对不自由。在家里自习如果没有家长监督，现在的中小学生学习自觉性还是很不够的，不能保证学习质量。自习课上按正常教学课的要求进行，学生不能随随便便，大多数老师还会布置自习内容（做作业等），学生像上课一样坐在自己的位置上，学习氛围与在家里学习完全不一样。

二是有老师关注。自习课一般会有老师坐镇，凭借老师的权威，学生上自习会有很强的约束性。如果在自习中遇到了困难，还可以请老师指导，习题不会做，学生之间互相请教一下也很方便，学习的条件比家里自习要好得多。

三是学习有压力。在家里自习没有时间要求，容易产生拖延症。自习课上虽然有相对的自由，但老师一般会提出明确的要求（完成哪些作业），一节课也好，两节课也好，完成任务的时间是明确的，学习效果要比在家里好。

从这三个特点足以看出自习课不一样的功效。即使是学校被动安排的自习课，如果利用好了，同样也会获得意想不到的效果，家长和学生不应该埋怨自习课，而是要让学生上好自习课。

我以为，一堂优质的自习课应遵循两个原则：一是严格的课堂要求，如遵守纪律，按时完成任务等；二是宽松的学习内容，学生自习学什么，最好由学生自己确定，前提是不影响他人学习，一般情况下老师不必做统一要求。如能这样，学习效果甚至可能超越正规的教学课。学而时习之，不亦说乎？紧张的课堂听课后，利用自习课慢慢地消化，这符合科学的教育规律。

那么，作为学生，你将如何上好自习课呢？

首先，明确自习课就是上课，不要把自习课视作娱乐课、放松课，要按上课的要求来进行。你应该自觉地去完成各项任务，包括老师布置的和没布置的，当然也可以进行自主复习，这也是自习课的相对自由。

其次，如果学习上遇到困难，可以向老师和同学请教，当然前提是不要影响其他人自习。教学课上直接请教老师一般不是很方便，而自习课就是个很好的机会。

最后，自习课再自由，也没有娱乐的自由，不要偷偷摸摸地去尝试娱乐。要安心完成自习任务，学会安排好时间。抓紧学习，把时间节约下来，回家就可以空出一些娱乐、休息的时间。

前一段时间，听说政府部门规定，学校必须承担学生在校的晚托任务。这应该就是晚自习，学生放学以后仍然可以在学校完成作业，等于天天有自习课。对学校而言，增加了工作量，对家长而言，绝对是一个减负的好机会。学校老师代替家长承担监督、辅导的任务，比起你在家劳心劳力陪读，效果一定会更好。但绝大多数家长，仍然很不舍，按时到校门口排队等接，我不知为什么？

预习和补习是课外学习的两大利器

有家长跟我说："你们老师很强调学生课前预习，我家孩子在培训机构读书，全部都预习过了。"

这真有点混淆概念。现在，培训机构上的课大都是超前学习，与学校上课没有很大区别，只是内容上抢先一步或扩大一些，他们这么做，很受家长欢迎。而我们所说的课前预习是指老师的课没上之前，学生先独立学习，强调的是自学，两者有本质的区别。

老师强调课前预习，对于提高听课效率有很大帮助，大致有三个方面的意义：

一是学生可以预先熟悉课文内容，大致了解将要学习什么，等于学习前的热身。

二是培养学生的自学能力。老师没有授课之前，学生自己去阅读理解，持之以恒就会成为一种能力。

三是提高学生对课文中问题的关注，上课时带着问题去听课，可以增加学生听课的兴趣和专注力。

如果在培训机构超前学习，那么这三个预习的意义都无法实现，甚至还会影响学生校内的上课效果。道理很简单，学生已经学过了，甚至你已经全懂了，可以想象一下，学生在学校课堂上再重复听一遍是什么滋味。不少人以为，先学一步，可以在学校课堂上轻松一点，表现好一些，但这些"优势"可能隐藏着危险和害处。所以，不要将预习与补习混为一谈，课外补习和课前预习大不相同。

其一，通过补习，先学一步。内容都已学过，学生已熟悉了课文内容，没有一点新鲜感，就如同足球比赛，已经知道输赢，看球还有什么滋味？

其二，培训机构的老师都已教过你了，与你自学能力提高也没有什么关系了。

其三，课文中的问题已有培训老师帮你解决了，不再需要去思考，到了学校课堂，学生反而不再动脑筋了。

也许家长会说，这好比复读，有什么不好？上课听两遍总比听一遍要好，可以巩固所学知识。其实，这是由于家长不懂学习心理而进入了一个误区。学生听课不是打游戏，熟能生巧。对于一个正常的学生来说，上课听一遍就应该掌握所学知识，除非学生的学习能力较差，或教师授课水平很低。听两遍有时往往就是时间和精力上的浪费。超前学习为学生提供了听两遍的机会，等于给学生听课留了一个后路，反正听不懂可以再听，结果两次听课都可能不认真。如果学生在培训机构上课第一遍就听懂了，那么到了学校课堂上就会变得无所事事，思想容易开小差，甚至影响课堂纪律。

有位学生，上课时从不听我讲课，几乎天天如此，忙着与周边的同学讲话，嘻嘻哈哈，煞是开心。其他学生的家长很有意见："他不听课是他自己的事，别影响我家的孩子呀！"班主任为他调了几次座位，但家长们还是有意见。实在没办法，我只能让他一个人坐，本以为不会再影响别人了，但他不甘寂寞，千方百计地发出奇怪的声音，来吸引别人的注意，以此自娱自乐。上课讲废话捣乱，已成为他的一个很坏的习惯。但令人意外的是，他考试的成绩竟然是全班第二，我也懵了。我找他谈话，他告诉我说："上课的内容我在补习班都上过了，再听你上课，屁股实在坐不住。"

我也做过学生，知道听课炒冷饭是什么滋味，如果天天炒，那一定会不胜其烦，讲闲话或思想开小差成了自然而然的事。养成上课不听讲的坏习惯是最大的不良后果，以后读高中、读大学，你能一辈子到培训班补习吗？

所以，我的看法是，补习在课后，补上课之不足，上课没学会再补一下。如果上课听懂了，根本就没必要再去补习。而预习应在课前，对学习有非常重要的意义。家长应该督促孩子养成预习的好习惯。

首先，把即将学习的知识先看一遍，了解大致的内容即可。看不懂也没有关系，硬着头皮往下看，能懂多少是多少，一知半解也好，不用焦虑，老师上课时会再教的。

其次，遇到不懂的地方做个记号，自己可以先尝试着理解，目的是加深印象，让大脑形成兴奋灶。当上课时，老师讲到这个知识点，你的思想一定会高度集中，特别有利于提高听课效果。

最后，运用各种工具扫清课文中的障碍。课文中有许多新的概念、词汇和典故等，你可以先通过上网查询、翻阅词典和寻找相关书籍等方法，做个准备。上课时，老师一说你就能马上听懂。

布置作业，是计件还是计时

学校老师布置家庭作业，大都是用计件的方法。譬如，让学生做两张卷子，回家背诵一篇课文等。你用多少时间去完成，则无明确规定，只需要第二天上交作业就可以了。老师关注的是作业的量。

家长不满足老师布置的作业，自己会布置额外的家庭作业，大都运用计时的方法。譬如，给孩子一本习题集，监督他完成，做1个小时才让休息。有时也会规定做到睡觉为止，那就没了休息，而做了多少一般不很严格。家长关注的是作业时间，时间越长，家长越满意。

那么，给学生布置作业，计件和计时，究竟哪种方法更有效呢？

我们可以先回忆一下自己的工作状况。交给你一个写工作报告的任务，第一种，规定写完就可以下班，余下的时间全由你自由支配，或回家，或游戏，或看电影，都可以，那么你会用什么心态和行为来完成这份报告呢？第二种，规定必须坐班 8 小时，写多少天都没关系，即使写完了，还要继续上班，那么你又会用什么样的心态和行为来完成这份报告呢？第一种是计件工作，带有承包的性质，为了赢得工作完成后的自由，争取获得一点自己的时间，一般会非常自觉且迅速地完成任务。第二种是计时工作，实际是"吃大锅饭"，做快做慢没关系，那么混时间就会成为可能。

同样道理，给学生布置作业，也应是计件比计时更有效率。做作业时计件，那么完成任务后就有自己的自由时间，对于没完没了紧张学习的学生来说，这是一种很大的奖励，甚至是一种诱惑。学生常常会问家长："我做完这些题目，可以玩吗？"家长如果回答可以，那么学生做作业就会抓得很紧。家长如果回答不可以，你还没做完 2 小时，或者回答做完数学还有语文呢，那么你可以观察一下，孩子是一种怎样的表情？接下来做作业又是一种怎样的状态？家长往往喜欢这样管理孩子，把他们的时间看得死死的。

老师有时也会布置计时作业。譬如，上课结束前，留 5 分钟时间，要求学生把课文或试题再看一遍。此时，这 5 分钟时间基本上是浪费的，学生大都掐着时间等待下课铃声。

当然，给学生布置作业，如果能够计件又计时，那是最好的方式。即使老师布置给你的是计件作业，但你自己可以去计时，可以对自己有更高的要求。譬如，你做一张试卷，规定自己在多少时间内完成。背诵一篇课文，可以规定背出的具体时间。家长给孩子布置作业，不要只盯着孩子做了多长时间功课，要给他一些明确的作业内容。否则，孩子极有可能"偷工减料"。

这种计件又计时的作业方式会否增加孩子的学习负担呢？一点点"偷懒"的机会也不给，是否太无情？当然不是。总体上控制学生作业量，少布置一些作业，就是最大的减负。他们完成了计时和计件作业，可以尽情休息、娱乐。我们讲的是方法，讲究的恰恰是用最经济的方法达到最高的学习效率。

其实，布置作业，不论是计件还是计时，最好都应该有时间观念，规定多少时间内完成多少作业。这是为什么呢？

首先，贴近考试形式。考试与平常做作业最大的区别在于，它是在规定的时间、规定的地点独立完成规定的作业。而计件加计时的作业，只有规定的时间和规定的内容，但没有规定的地点。虽然是否独立完成无从考察，但这已经很接近考试形式了。长期训练，学生就能在考试时较好地掌握考试时间，提高答题速度。当然，也就提高了考试成绩。

其次，提高时间效能。老师和家长最头疼的是学生做作业拖拉，磨磨蹭蹭成为常态。因为没有时间压力，没有完成作业的动力，尤其是时间很漫长的计时作业，让学生觉得苦海无边，看不到希望，很难有作业的动力。不少学生拖延作业，很多就是"债多不愁"效应引发的，反正看不到完成作业的希望，做多做少没什么区别，当然能拖就拖了。如果布置作业有任务、有时限，完成作业又有相应的奖励，那么，同样完成一份作业，时间和效果就会完全不一样了。

课堂上慢半拍，成绩落下一大截

上课时，老师在课堂上发出指令，总有学生会慢半拍。大家都把课本打开了，他的书还未从书包里拿出来。大家都开始做习题了，他还在寻找自己的笔。大家都已经开始动手做实验了，他才刚打开仪器设备。

这样的学生常常处于一种似听非听、似动非动的状态，很被动，缺乏上课应有的激情，没有抓紧做事情的意识。

有一次上课，我给学生讲解文言文，学生都忙着在课本上记录注释。我走到一位女生跟前，发现她没有执笔书写，而是斜着身子与同桌合看一本课本，自己手上却没有课本。我很不满意地问："你的课本呢？"她说："有的。"我又问："那在哪儿呢？"她朝身后指了指说："在教室后面的柜子里。"我非常不理解，责问她："为什么不拿出来？"她慢悠悠地回答我："上课铃声响了，我来不及去拿。"

这个"来不及"太不可思议。其他同学早已在上课前就准备好了本堂课的课本，这是学生上课的基本要求，她却连课本都没有拿出来。即使上课铃声一响马上去拿，也耽搁不了多久。即使已坐到位子上了，再返过去拿，也就 10 秒钟时间。她却什么也不做，宁愿与同学合看一本书，听我讲文言文，冒着如听天书般的痛苦，歪斜着身子，也不抓紧去拿课本，顺顺畅畅地上课。

这种上课慢半拍的现象，如果变成一种习惯，将会严重影响到学生的上课效果。该完成的任务完不成，该追求的速度达不到，课堂上总是拖拖沓沓，总有一天会被落下，怎么也赶不上。这种动作慢半拍还会让自己的思维慢半拍，听课跟不上老师的节奏。思维慢半拍，理解慢一拍，做练习慢二拍，学习成绩则落后好几拍。譬如，老师讲课有时会指导学生看课本，翻到第几页，看哪一段，或者标注哪几句。别人很快能找到相关章节，你却怎么也找不到，等找到了，其他同学早已在听老师讲解后面的内容，你会更加不知所措。

那么，这种"慢半拍"的现象是如何造成的呢？我做过一些观察，大致有三个原因：

一是拖拉的个性使然。有些学生做事不紧不慢，很悠闲。这本是一种心定的好习惯，但如果分不清事情的轻重缓急，没有一点速度意识，那就不利于学习了。我们课堂上许多学习活动是要讲究速度的。听课是一次性活动，你不能眼疾手快记住，过了就回不来了。做课堂练习更有速度要求，与家庭作业最大的区别就是完成有时间要求。

二是轻度的逆反使然。有些学生总有一股子逆反情绪，虽不是很强烈，但对老师的要求总是不情不愿，似乎听老师的话很没面子，表现不出个性，所以做事故意慢半怕。学生不知道，这种逆反行为并不会抬高自己的"身价"，真正坑害的还是自己。形成干什么都慢半拍的坏习惯，不仅影响我们的学习，还会影响今后的工作。

三是过度的兴奋使然。参加了某项兴奋的活动，如球赛、春游等，心未能及时收回来。放了几天长假，回到课堂仍心不在焉。课堂上听到老师的指令反应不过来。有时老师点名叫他，他还是一脸茫然，如梦初醒。课堂上慢半拍，实质上是一种不良习惯，对学生的学习有很大的负面影响。想要纠正过来，实在是没什么难度。上课只需按照老师的指令行事、及时完成就可以了。让你把书翻到第几页就翻到第几页，让你拿出哪本书就拿出哪本书，让你抄写就赶紧抄写，让你停笔马上就停笔。

按照老师的指令做，跟着老师的思路走。争取在行动上与同学同步，才会有利于形成发散性思维和研究性思维，进而形成自己的个性。

题目不会做，问别人是个好习惯

班主任老师在教室里对学生进行思想教育："我们每个同学学习都要有恒心和毅力。遇到学习中的阻力，如题目不会做，有两种态度，一种是放弃和逃避，一种是迎难而上。我们有的同学，一做到难题，想都不想就忙着去问别人，这是一种不好的习惯。"

有学生在台下低声嘀咕："实在做不出怎么办呢？"

老师脱口而出："请教老师和同学啊。"

教室里一片哗然，刚才老师还在振振有词说，做习题，问别人是一种很坏的习惯。

老师见状补充说："我的意思是先自己思考，然后再去请教别人。"

有学生做习题，遇到不会做时，就会忙着前后左右问别人，在家问家长，自己不愿动脑筋，这样常常会受到老师和父母的批评。要求学生做习题要独立思考，这个批评是正确的。

但是，如果学生思考过了，还是不会做，然后去问别人，那就是一个学习的好习惯，应该受到鼓励。

遇到题目做不出去问别人，从学习态度来讲，值得肯定，说明他具有强烈的求知欲。他想完成作业，说明具有良好的责任感。比起那些答不出题也懒得问别人的学生，对学习成绩不闻不问的学生，要强得多，至少问别人说明他有学习的动力。

我们讲"学问"，"学"与"问"两个字放在一起，说明"学"与"问"同等重要。学生是通过"学"与"问"来获得知识和能力的。如果学生只学不问，埋头耕耘，一路上遇到了阻力，仍是勇往直前，精神可嘉，但一定十分艰辛，且很花时间。对中小学生而言，在学习中并不是什么困难都能通过坚持而跨越过去的，绕道走过去，也是一个不错的方法。

题目不会做问别人，就是绕道而行的好方法。你面对习题中的难点，百思不得其解，花再多的时间也没用，此时请教别人，实际上是一种借力而行，请别人助力一把，让你轻松过关。其实，学科中有许多知识本身就是前人智慧的结晶，不一定都需要我们去知其所以然，记住就行了，如乘法口诀、公式、定理等。

怎么去问别人是一门技巧，掌握得当，能避免无所收获的尴尬。

首先，请教要有谦虚的态度。从道理上讲学生都懂的，请教他人要谦虚。但学生没有成年人那样成熟，平时又在家里被宠惯了，向别人请教，口气很大，似乎别人都欠着他什么。我当老师，就常常面临学生责怪式的请教："你上课又没讲，我怎么会懂！""那你说呀，到底怎么做？"对待老师尚且如此，请教家长和同学的口气一定会更大。

请教别人要有谦虚的态度，还包括谦虚的心理，要真心实意地对待请教对象，不耻下问，才会有收获。有的学生自以为是，自尊心太强，宁愿题目解不出，也不愿屈尊问别人。

其次，问别人的内容要具体。譬如说，怎么解题，一般来说，提问的内容应该很具体。笼统说不会做，说明没思考。经过了自己的思考，那么提出的问题一定会很具体。一旦获得别人的正确指导，你会记得特别牢，因为你会豁然开朗。其实，请老师补课也是同样的道理，先要经过自己的思考，提出的问题会很具体，很有针对性，补习的效果也更好。有些学生题目不会做，不是先思考，而是急忙去问别人，别人怎么可能从头到尾详细解答？实在来不及了，往往只问个答案，抄上去，那就是一个坏习惯。

最后，问了别人还要思考。不管你问的是谁，都不是绝对权威，所得到的帮助是否正确还需判断，千万不能照搬照抄，以讹传讹。我记得曾处理过一次学生的"作弊"行为，数学老师告诉我，班级里有两位同学作业经常做的一模一样，最为可疑的是错也错的一样。经过了解得知，他们两人不会解题就相互"请教"，却不辨别正确与否，交上去再说。当然这种行为是否属于"作弊"，还得另当别论。

所以，如果我们认可题目不会做问别人是个好习惯，那么就要积极鼓励学生平时多学多问，才能让孩子将来做好"学问"这篇大文章。

临近考试，做好这件事
等于直接给考试加分

一般升学考试前几天，学校会让学生自己在家复习，如有需要，老师会在学校为学生答疑。一般的考试，一直会上课到考试前一天，学生自主的时间并不多。

这些有限的自主时间，没了老师的监督，有些学生反而感到空落落的，不知应该做些什么。有家长告诉我，孩子天天抬头看天花板，好像很紧张，但又不抓紧复习，有点手足无措。

家长会按照过去的思路叮嘱孩子："快到考试了，再看看书，再做做题，抓抓紧呀！"到底抓紧什么，其实家长心中也没底。

我担任毕业班班主任做考前辅导时曾说过两句话："仔仔细细准备好考试事项，平平静静调节好考试心态。"而且我强调，第二句话要比第一句话更重要。

有句老话叫作"临时抱佛脚"，临考前的"佛脚"更要"抱紧"，因为适度的紧张会引发高度的专注，此时学生往往处于学习的最佳吸纳状态。但"抱佛脚"不一定全是看书和刷题，尤其是离考试还有几天时间，做好考前的准备工作更为重要。

我讲的第一句话，"仔仔细细准备好考试事项"。

虽然属于"后勤"工作，但学生必须自己去做，一点也不可以马虎。

首先，检查一遍考试必须携带的东西。包括准考证、身份证和文具，还有所带东西是否符合考场规定，譬如，铅笔的型号。我担任主考或监考时，几乎每次都会发现有学生忘带了重要的东西，急得团团转，非常影响考试情绪。

其次，认真阅读准考证和考试须知。要将所有信息都核对一遍，关键词都看清楚。尤其是在校外参加升学考跑错考场的情况，考场犯规说不知道的情况，常常有发生，非常可惜。

最后，照顾好自己的生活起居。考试几天一定要吃好睡足，身体状况对考试的影响太直接了，就是一点儿小毛病，也会让你的考试成绩大打折扣。

我讲的第二句话，"平平静静调节好考试心态"。

考试既是学生知识、技能的竞赛，也是考试心态的比试。学生如果怀着战战兢兢的心态，带着考不好的情绪，呈现出浑浑噩噩的状态，怎么可能在考试中取胜呢？所以，考试前几天，一定要做好心理调节，这比把课本、笔记再看一遍更为重要。

一是一如常态，消除紧张。临近考试，绝大多数学生都会有紧张感，这很正常。这种紧张感一定要控制在适度范围内，否则不利于学生考场上的发挥。考试前几天，学生的生活状态不应该发生过大的变化。譬如，为了参加考试，这几天吃得特别好，穿上新衣服，父母双双请假陪读等，都不需要，异样的氛围会增加紧张感——学生本身已足够紧张。学生原来的学习和生活常态尽量不要去打破，该干嘛还干嘛，如果家长要给孩子帮助，应该尽量做到润物细无声。

二是应对挫折，讲讲对策。考试顺利，我们一般要求学生不要粗心大意。考试不顺利呢？不是一句"别紧张"就能排除的。临考这几天，家长可以给他们讲讲保持冷静、消除紧张的方法。譬如，我在很多地方都讲过，考试遇到不会解的难题，你可以做心理暗示："其实别人和我一样答不出。"你答不出，别人也一定答不出，心理平衡了，紧张感就会消除。如果心里想，别人都答得很棒，就我答不出，你一定会紧张得手都不知如何握笔！

三是平心静气，固守自我。不要误会，不是让你去练气功，而是建议你临考这几天，尽量处于独处状态，不要过多地与同学交流讨论。该交流的都交流过了，该讨论的也都讨论过了，临考前几天要保持平心静气，如果再有交流讨论，极有可能互相影响，增加焦虑。焦虑有时像病毒具有传染性，与同学争论几回就可能染上了，因为学生考试前会特别敏感。

四是游戏考试，增强自信。考前特别"压力山大"，我们有时干脆跳出这个阴影，以游戏的态度对待它（你已经严肃学习很久了），反而会感到很轻松，轻松有助于学生考试的发挥。有位学生曾给我说："我以前参加考试，考前都会莫名害怕，尤其害怕监考老师。心理专家让我想象监考老师的缺陷，想他是个很难看的人，想他是个没能力的人。我在家真这么去想，有时想得哈哈大笑，再也不怕监考老师了，也不怕考试了。"

参透考分奥秘，不为低分焦虑

　　家长对考试的成绩比我们老师还要敏感。一位已经做了爷爷的退休老同志，见到我就说："我外孙读小学三年级，数学考了 95 分，我要奖励他，被我女儿坚决阻止。说是 95 分，老师说刚及格，94 分就是不及格，还奖励什么？我不晓得现在的分数怎么算，95 分怎么是刚及格？"

　　这种话我也听了不少，早已不把考分及格、不及格当回事。不少老师，自己命题让学生考试（有的是测验），班级中考分满分的会占四分之三，95 分当然只能算刚及格。也可能所谓"及格"只是老师随便说说，但家长对"及格"的概念很清楚，几乎是成绩差的代名词。

　　以前，及格线定在 60 分，现在学校基本还是这个标准。不同于过去的是，现在可根据需要对"及格"重新认定。譬如，高考、中考每门学科考分满分不是 100 分，就没有了"及格"的概念。研究生考试，英语的及格线也可以根据不同情况低于 60 分。有些老师平时的测验更无所谓及格、不及格，都用排名显示成绩，只有家长，往往盯住"及格"不放。

网上有段视频，一个孩子，考试成绩是 7 分，父母专程开车买来了烟花燃放，以示热烈庆祝，因为孩子 7 分的考试成绩，是他过去考试经常零分的历史性突破。孩子受到了鼓励，增强了学习的信心，考试成绩一跃升到 57 分。但如果按照 60 分及格的标准，仍然是不及格，但其进步的意义远远超越及格。这对父母可算慧眼识英雄。

其实，平时我们看到的考试成绩，只是一个数字，有时并不能真正反映学生的学业水平。为高分而兴奋，为低分而沮丧，很可能浪费自己的感情（正规的中考、会考、高考能较客观地反映学生的学业水平）。如果家长懂一些考分中隐藏的奥秘，就不会过度纠结了。

首先，考试分数具有很大的相对性。我在《学习方法决定学习成绩》一书中有过具体分析，这个道理现在许多家长也已懂得。如果你考了 57 分，班级均分是 40 分，你就是高分，如果你考了 90 分，班级均分是 98 分，你就是低分。高考单科满分是 150 分，你考了 100 分，也不能算作高分。所以我们不能仅看一个考分数字就确定学生真实的水平。

其次，命题本身具有不确定因素。制作试题是很艰难的，出的题目要能真实地反映知识点的水平，颇费思量，学校的一般测验和考试很难做到完美。即使是评分客观性较强的选择题，四个选项的逻辑关系也常常会引出争议。有的学生的理解与命题者的意图不一致，导致扣分，并不说明学生没有这个水平。有时考试结束，学生怨声一片，反映的往往是命题的质量问题。所以，学校老师自己命题如果质量不高，反映不出学生的真实水平，最后学生参加中考、高考的考分会与学校成绩有较大偏差。

再次，阅卷评分很难做到完全客观。虽然评分有客观标准，但阅卷者有时却很难把握。特别是有的评分标准主观性太强，阅卷者有很大的评分空间。要不要扣分，扣多少分，阅卷者可以决定，多一分，少一分，都说得过去。譬如，作文评分，评分标准中常有"观点正确"，怎样才算正确，能精准到几分之差吗？有位教育界领导讲过，语文考了59分，是个羞辱的分数，可以给他60分，但要求下次考试还我2分。

最后，偶发因素可能导致考试失常。本来具有很好的学习基础，但遇到一些突发状况，导致考试成绩很低，这也不能反映学生的真实水平。譬如，生病、情绪不稳、粗心大意等。这种情况我们见过很多，学生一般事后都很委屈，但考分是没法更改的。

分析以上四条考分的奥秘，是希望家长和学生能以开放的心态面对考分，根本不需要纠结于考分一分、二分的增减，这并不能证明什么。重点关注的应是学生学业水平真正的提升，学习成绩总趋势是向上还是向下。就像考了7分的学生家长，关注的是零的突破。

当然，考试成绩到底是提升还是下降，有两个简单的方法可以作为参考：

一是与过去的成绩比较。重点关注是否在原有的学习基础上有所提升，哪怕只有一点点，只要是呈现上升趋势，就说明在进步，不在于一次测验考试成绩的高低。考试成绩是 7 分，是在零的基础上的提升，就是一种突破。从 7 分升到 57 分，足足进步了 50 分，那是飞速提高，比从 90 分提升到 95 分还要有意义。我们看考分，一定要关注提升，不能只看数字，每个学生的学习基础不一样，学习能力有高低，必须承认。

二是与他人的成绩比较。重点关注的是学生考分在班级中的排名，一个自然分，看上去不高，但班级均分也不高，排名靠前，这个考分的含金量就非常高。同样，自然分很高，但排名靠后，考分的含金量就低。根据教学需要，老师出试卷，有时为了提振学生的信心，题目出得容易些，有时为了杀杀学生的傲气，题目出得难一点。校内考试更多是评价教学的一种手段，一次测验考试的自然分，并不能完全说明问题。

考试高分其实很容易

说到考试，大家都感到很难。有些父母还常常用考试来"吓唬"孩子："还不抓抓紧，马上就要考试了！""再这样下去，考试这个关你怎么过！"于是，很多学生视考试为畏途。

数学的求证、语文的背诵、英语的词法等，你不会感到很容易，因为从不懂到懂，是一个非常艰难的习得过程。要分析，要理解，要自己动手操练，就如凭空去获取，一切从零开始。

而考试是对过去学习结果的检测，是重复，是回忆，是占有了丰富材料后的仿造，所以考试更多的是复述、是搬运，而不是创造。

最不易的倒应该是平时的学习，是复习迎考，而不是考试本身。考试是一个收获季。

所以要想考试优秀，最重要的是平时的学习。种瓜得瓜，种豆得豆，平时怎么种、种什么，十分关键。

那么，怎么使自己平时的学习与考试相衔接，才能让考试高分变得很容易？

考试与平时练习相比，在两个方面是有所不同的：一是考题综合性强，平时学习比较单一；二是考试需要在规定的时间内独立完成，平时做练习时间比较宽裕。学生感到难，恐怕也主要在这两个方面。考试的内容基本局限在课标规定的范围内。尤其是老师教过的，校内考试一般不会超越这个范围。所以，只要将应试特点融入平时学习或复习中，考试高分就会变得很容易。

为了这个"融入"，学生需要改变平时的学习习惯，在两个方面做一些调整：

第一，平时读书要有考试意识。课本里没有试题，但又处处隐藏着试题。学生要养成一个习惯，学习每一个知识点，都要想一想以后可能怎么考。把散落在课本中的知识点一个个挑出来，自己出题。考试的形式你并不陌生，只需将课本中知识的重点和难点把握准了，就可以自己给自己命题。

有位很有名气的历史老师，就是这样训练学生的。一个单元的课上完，每个学生都要自己给自己命题，集中后交给他，他选择一部分印成试卷，给班级做单元测验。长期训练之后，每到考试，他根本不需要给学生讲什么考试重点，也不用讲考试范围，学生全都无师自通了。

我给学生讲解文言文，也常用一个方法，极有效果。我在课堂上很少讲解课文，而是先让学生预习。到了上课时，要求学生按学号次序自己轮流讲解。有三个要求：一是朗读一句（每人一句），二是翻译一遍，三是选择重点字词注释（实际上也是考试的重点）。

我只作评判和纠错。

时间一长，"麻烦"来了，我出试卷时，竟无题可出，因为考什么内容，学生都很容易猜到。

所以，在平时学习中，学生多一根"筋"——考试意识，就不会为了学习知识而学习知识。有的学生"埋头苦干"，钻进课本出不来，也学懂了，也记住了，但不知怎么应用到考卷上去，考试就是考不好，问题就出在眼中没有试题，属于只会学习不会考试的一类。但是，如果你能破译考试的"密码"，考试是不是很容易呢？

第二，平时训练要有速度意识。你平时千百次的刷题，有没有想到要有速度意识，有没有要求自己在答题准确的基础上给刷题提速？

我们平时做练习，时间大都很宽松，只追求能做对，尽量要做好，因为没有时间限制，可以悠哉悠哉。有时还拖拖拉拉，喝喝茶，听听曲，都是很平常的。

考试则不然，与平时做练习最大的差别就是时间限制，试题在规定的时间内没有做完，时间一到是要收卷的。你如果没有时间概念，习惯于做试题不紧不慢，那考试时极有可能痛失机会，就是你题目都会做也没用。

我担任过多年的中高考的主考，面对许多学生收卷时的苦苦哀求，心有不忍，但无能为力。我同情他们，我想："你们勤学苦读，为什么就忽视了答题的速度呢？"

答题的速度也是要进行训练的。我们可以把它看成是自己的一项技能，熟能生巧，进步很快。

譬如，做十道数学题，今天三十分钟，明天提速两分钟，后天提速一分钟，不断加速。做语文阅读题，三千字的文章，今天用了四十分钟，明天是三十五分钟，后天是三十三分钟……

掐着时间做题，会有一种动力，其最大的收获就是克服了题来不及做的障碍，移走了这座大山，就能一路畅通，所以，考试是不是很容易呢？

考试其实很容易，如果你同意我的观点，那么就这样告诉自己的孩子。

学得杂，才能考得好

现在用课程标准取代过去的考纲，据说最大的区别是，过去教师"考啥教啥"，现在教师要"教啥考啥"。"考啥教啥"，考试有一个"考纲"，固定了考试范围，有些内容"只教不考"。"教啥考啥"，其依据是课程标准，教的内容多，考的内容也多。那么考试内容扩大化是非常明显的：一是考试的科目在扩大，一是试题的综合性越来越强。

我是语文教师，对语文考试比较敏感。目前高考、中考语文试题已基本上不会从教材中选取，考试范围放得很开。指挥棒非常有力，使得现在的语文老师出试题也放得很开。

我见到过语文考试有这样的试题：

例 1. 2012 年 3 月 3 日，农历二月十一，处于（   ）节气之间。

　　A. 惊蛰和春分　　　　　B. 雨水和惊蛰

　　C. 立春和春雨　　　　　D. 元宵和春分

例 2. 小李问同事小张："明天你去参加小王的婚礼吗?"小张停顿了一会儿说:"那个……我有点事。老郭呢? 他们都去开会了吧?"。

以上对话内容,对小张言行理解正确的一项是(　　)。

A. 竖子不足与谋　　　　B. 王顾左右而言他

C. 恭敬不如从命　　　　D. 拒人千里之外

例 3. 电影术语"蒙太奇"的意思是(　　)。

A. 特定镜头　　　　　　B. 运动镜头

C. 镜头组合技巧　　　　D. 镜头设置的悬念

看了以上这些语文试题,你会有些什么体会? 如果学生学习只局限在课本教材里,恐怕不行吧。

但是学海无涯,学习杂到什么程度才可以? 用有限的记忆怎么应对无限的知识? 谁也没有本领给学生画圈,但能做到以下两点是很有用的:一是留意身边的知识,多一个记忆的心眼;二是尽可能地扩大自己的学科知识面,要做到杂而不乱。

首先,学校里的学科确有主课与副课之分,但你决不能对副课彻底放弃,可以少花一点时间和精力,起码有一个及格的基础和一般的了解。否则,一旦考试遇到,你却闻所未闻,那么失分就会很惨重。譬如 2000 年的上海高考作文试题"上海世博会主题设想",以及 2001 年上海高考作文试题"文化遗产的了解、认识和思考",考生如果没有一点"上海世博会"和"文化遗产"方面的相关知识,也许面对考题只能干瞪眼。

其次，要学会精读和泛读技巧，不仅是语文，包括所有学科的知识。你没有时间和精力对所有学科的知识精读、研读，很多知识也不需要你去钻研，但可以泛读。一个人知识渊博，往往是靠泛读来获取的。学者、专家也不可能精读所有的专业书籍，而泛读帮助他们极大地拓展了知识面。什么是泛读，泛读就是粗略浏览，跳着读，选择读，了解大概意思即可。我们平时翻阅报纸杂志，就属于泛读。

最后，要尽量扩大自己的兴趣范围，拓展自己的知识面，多看看课本外的世界，只要留意，处处皆有学问。譬如你爱好收藏，可以多去参观博物馆，那么写高考作文对"文化遗产的了解、认识和思考"，一定比别人写得好。尤其是现在的考试试题综合性很强，语文试题中有历史的内容，数学试题中有物理的内容，学生没有杂一点的知识，还真应付不了。我给学生上课时，课堂提问常常会超出教材范围，有的学生对答如流，有的学生则呆若木鸡，学习能力的差异显而易见。

家长应该先了解这个变化，告诉自己的孩子，力争改变传统的学习理念，才能取得优秀的考试成绩。

复习迎考有成效，试试"三看"的方法

有不少学生平时学习状况很不错，但就是考试考不好，就如足球比赛，临门一脚却把球踢飞了。其中有一个重要的原因就是复习迎考的方法不得当，最后冲刺不成功。我这里讲的"考试冲刺"，仅仅是指考前半个月或一个星期的时间。

有些家长也会跟我说："孩子到了中学，我们自己几乎没有辅导的能力和水平，所以也不知道孩子的复习方法是否正确，看上去非常认真，我们只知道要求他们看书、刷题，不知道关键的时候究竟应该做什么。"

大考或者升学考能否考出自己的水平，既与学生的复习迎考有关，更与其平时的学习密不可分。可以这样说，平时学习是吸纳新知识，复习迎考是巩固旧知识。学习是一个对知识不断吸纳、不断巩固的过程，没有"吸纳"，拿什么"巩固"？没有"巩固"，"吸纳"也可能白费。学习与复习两者密不可分，这方面没有什么捷径。有了丰富的"吸纳"，还要"巩固"好，而且考试时能够吐出来，这个是有方法的，尤其是临门一脚，更有讲究。

过去，不少学校和老师采用加快教学进度的方法，把教学内容尽早结束，留出更多的时间集中复习迎考。后来教育部门不允许这样做，这种趋势得到遏制。现在中考、高考改革，几乎每年都有会考，每年都要复习迎考，这样就很难安排那种"全脱产"的集中复习。我估计，以后一边上新课一边复习会成为一种常态，集中复习的时间会少得多。

这种一边学习新课，一边复习巩固的方法其实是很好的，学生对学习的内容当场结清，不欠旧账，既节约时间，也更有效率。艾宾浩斯记忆遗忘曲线证明，记忆的材料，最初遗忘速度很快，以后逐渐变慢。那么，我们刚学到的知识，抓住即时记忆，及时巩固，效果一定远胜于日后的集中复习。我们对复习迎考常常有一个误区，总把考试的希望寄托在最后的总复习上，而且希望总复习时间越长越好。但是这些"陈年旧账"想在一个时段内全部解决，毕其功于一役，这种做法效果其实不一定很好。更何况，长时间的集中复习迎考，如果仅仅是把过去学习过的内容重复一遍，或者盲目刷题，并不一定很有效。

我曾介绍过一位学生的学习方法，她在学习上从不欠"账"，因此，她根本不需要考前挑灯夜战。我上课给他们讲古诗词，她一边听我分析讲解，一边试着背诵，见缝插针，一节课下来，诗词的内容理解了，同时诗词也背诵出来了。如果她像其他同学那样，先忙着理解内容，过段时间再慢慢背诵，或者拖到总复习时再背，学习效果一定会差许多，会更费时费力。

那么，一边学习一边复习，就完全不需要专门复习迎考了吗？当然不是。如果你能将一般知识的复习提前到平时学习中去，那么到了考前的紧要关头，不用再把过去所学重复一遍，而是集中时间和精力做更重要的事，效果一定会更好。以我的经验，可归纳为"三看"：

一是看教材。不是简单地再去看一遍课本，而是去整理一下学科的基本框架。新课上完了，回过头来看看究竟学了些什么，有多少知识点，这些知识点又包括哪些内容。譬如语文，第一层级，四大部分：语文知识、文章分析、文言文、写作。每个层级下面还有许多小的知识点，整个结构呈树状分布。我们如果记住这个基本框架，在考试答题时，就可以知道试题对应的是哪个知识点，用这个知识点来解题，可以避免概念不清。

二是看考卷。收集历年的考卷做一点分析，注意我这里所说的是分析试卷，不纯粹是做试题。看看有哪些题型，每年考试的难易度怎么样，哪些知识是考试的重点。掌握了这些，你在复习时自然而然增强了针对性。

三是看练习。这里主要指的是你练习中做错的试题。如果至今没有得到纠正，那么赶快打好这个补丁，如果错误已纠正，那么要牢记教训，不再犯第二次错误。千万不要以为自己不会再次犯错，我见过有的学生在一个知识点上反反复复出错，几乎成为他考试中一个过不去的坎。

把有限的最后冲刺时间用得恰到好处，我认为这个"三看"的方法对学生是有帮助的，具有较强的针对性。

考试成绩排序的利与弊

考试成绩出来，会有一个排序。许多人认为，成绩排序是学校教学质量最霸气的评价依据。如某学校排全区第几名，在全市排第几名。学生的学习成绩在班级里也会排序，家长普遍认为成绩排序是真实成绩的反映，不会再像过去那样只关心一个自然分。家长之间，常会问，你孩子考试成绩排名第几？你孩子考试成绩有没有超过平均分？

教育主管部门是禁止学生考试成绩排序的，特别是将排序结果公布，其目的是反对应试教育，防止学生心理受到伤害，我认为很有道理。现在一些家长焦虑，学生自尊心受伤，很多都是由学习成绩排序引起的，其对学生学习心理的负面影响不可低估。

我认识一位学生很有意思。他读小学，凭自己的努力通过面试进了一所著名的民办小学。当时参加面试的学生有2 000多人，他的面试成绩排在240名。但进入小学后，成绩一直排在全班倒数第五名左右，五年不变。考初中时，报考民办初中也"落榜"了，退而求其次，进了一所大型的公办初中。毕竟读了五年的品牌小学，按说学习成绩在班级中也该鹤立鸡群吧，但成绩仍然是全班倒数第五名。结果，中考成绩未达到普高最低控分线，无奈进了一所职业学校。他毕竟出身"名门"，到了职业学校总该有点出息吧，但学习成绩仍然处在全班倒数第五名，父母再怎么焦虑也没用，似乎中了什么魔咒。他的母亲问我："学习成绩怎么老是倒数第五呢！真就没办法突破了吗？"

我说："孩子自己也一定心灰意冷了。你想，十几年都不变的成绩排序，会给他什么样的心理暗示，最重要的是要给他增强信心，破了这个魔咒。"

我们常说，心态决定命运。你认为自己学习成绩很差，你真的会很差，你觉得自己考试考不好，你真的会考不好，有时这种自我心理暗示会非常强大，能左右你的情绪、意志、行为，甚至结果。这种现象我们在生活中随处可见。譬如，一个病人认同医生说他只能活六个月，那么六个月也许就是他的死期。据说很多人生病后，往往不是死于疾病本身，而是死于病症带来的恐惧。

学习成绩排序显示了你在考试中成绩的位置，时间长了，你就会有一个自我暗示的心理位置，你会把自己的考试成绩锁定在一个分数段。如果某一次考试成绩超越了这个分数段，同学、老师甚至你自己都会惊讶，因为你的心理成绩已被排序固化。这种固化，这种"我就这样啦"的自我心理暗示，对提升学习信心，对学习成绩的突破，十分有害。

面对自己不理想的成绩排序，如果我们进行积极的心理暗示，非常有利于成绩的提高。

积极的心理暗示就是通过正面的想象来进行自我刺激，从而改变自己的行为和主观体验。考试成绩排序靠后，不要负面想象"我就这样啦"。要去正面想象，想自己具有优秀的学习能力，自己完全可以考得更好，一场考试成绩算不了什么，你大胆去想，就是假设也可以，你的学习信心和学习行为就会因此而改变。

你可能认为这是胡思乱想，考试成绩排序靠后，还要想自己有优秀的学习能力？我可以再给你一些充足的理由，你可以理直气壮地对自己说：

首先，学习成绩排序不靠前，并不意味着学习成绩不好。学习成绩好不好是相对的，在一个班级中靠后，在全校也许靠中，在一个学校中靠后，在全市也许靠前。一些优质学校大都是选拔招生，学习成绩在本校是最差的，很可能在一般学校是最好的，如果你在一所好学校学习，完全可以作这样的自我心理暗示。

其次，一次考试成绩排序不靠前，并不说明永远落后。考试的偶然性众所周知，复习对不对路子，考试当天的精神状态，考试时的身体状况，意外事件的干扰等，都会对考试成绩产生影响，完全不必为一次考试成绩排序去纠结。即使一段时间成绩排序定格在一个分数段，也不一定能说明自己水平和能力不会再变化，正是自己进入了负面心理暗示怪圈，才影响了考试信心。

最后，如果自己想努力，一定可以超越所有人。绝大多数学生的智商无多大差异，这早已被研究者所证明。学习成绩排序靠后，是我自己不想努力，并不是先天不足，只要我愿意，一定会超越所有人，主动性完全在自己手中。这种心理暗示似乎有点精神胜利法，但如果想考试成绩突破原来的排序，没有精神的胜利能行吗？

我介绍的这些自我心理暗示方法，在不少老师、家长看来，就是学生为自己强调客观原因，寻找借口。但我相信，找了这些借口之后，学生能够排遣对自己成绩排序的失望情绪，哪怕增强一点学习自信，不也很好吗？

如何排除考场干扰因素

　　学生解释考试没考好，常常会强调客观原因。考试时在考场内受到各种干扰，是最常听到的一个理由。有的家长听说了，会勃然大怒，带着孩子到学校兴师问罪，但大都没有什么结果，考试都已结束了，推翻考试成绩，绝非轻而易举之事。有的家长责怪自己的孩子："为什么不从主观努力上找原因，就知道责怪考场有问题。"

　　有时学生考试没考好，很大原因确实是受到了考场干扰因素的影响，这种干扰有主观原因，也有客观原因，使学生没能静心答题，没能考出自己的真实水平，据说这类情况导致考试失败占10%的比例。所以，可能孩子并没有推卸责任。

　　政府每年组织绿色护考，就是为了清除考试外的干扰因素。做了这么多努力，是否就能保证学生考试万无一失呢？那也不一定。政府能想到的干扰因素都尽力排除了，但还是会有很多其他干扰因素，或突如其来，或意料之外，简直防不胜防，我们的考场不是真空教室。

譬如说，防止考场外的声响影响考试，是每年绿色护考的重点。中考、高考时，还能看到家长义务站在马路上值守，不让汽车通过，不许汽车鸣笛。尽管如此，有时还是很难挡住突然发出的巨响，严重干扰了学生专心答题。有一次，我担任高考主考，学校旁边的居民正好安装空调，一阵冲击钻的声响直冲考场，把我吓得魂飞魄散，因为当时正在考英语听力。

再譬如，到了考场后，发现今天坐的桌椅很不舒服，尤其到校外考场考试，这种情况很常见。一点点不舒服，有时会使人浑身不舒服，就如大热天被蚊子咬了一口，感觉全身都在痒。但考场临时调换桌椅不大可能，而且你调换，别人没调换，也会产生许多矛盾，这样更影响学生的考试情绪。

这种干扰很多，经常有学生出了考场向我抱怨。但我觉得有的干扰是不可抗拒，更多的干扰则是心理因素。譬如，监考老师互相讲话，影响自己思考；开考铃声尖细刺耳，使人心惊肉跳；巡考身边走过，似乎总盯着自己看；旁边好像有人作弊，让人心神不宁；甚至有学生考完提前离场，也让自己焦虑不安等，其实这些"干扰源"并不大，而是学生应试心理太脆弱，直接影响了自己的正常考试。

面对诸多的考试干扰因素，我认为最好的方法莫过于调整好自己的考试心态。客观的干扰因素防不胜防，担心没有任何意义。你需要努力的是，在心中筑起一道强大的抗干扰防火墙，顺利考试才能有坚实的保证。

首先，考试时，天塌下来与我无关。进入考场，要保持平和心态，就像考场黑板上写的"沉着冷静"。有的学生一进考场就感觉不满意，处处不顺心，见了课桌椅也想踹几脚。也有学生很敏感，似乎监考老师老盯着自己。这些都属于自己心里的干扰因素，即使考场没有发生意外，你的考试也会大受影响。

在开考前，你心里可以认真默念三遍"考试结束前，考场发生的任何事与我无关"。你在意念上把这段时间全交给了考卷，天塌下来也与我无关。事实上也确实与你无关，发生任何事情，都由主考、监考负责，完全不用学生瞎操心。自己的任务就是"两耳不闻窗外事，一心只做考试题"。心理医生治疗失眠者时，告诉他，要默念"在睡觉这段时间里任何事与我无关"，这样就能安然入睡。这个方法可以借用。

其次，平时要提升抗干扰能力。抗干扰能力是可以培养的。有的人专门到集市最热闹的地方去看书，就是为了提升自己的抗干扰能力。你只要坚持这样训练，读书学习时就再不怕嘈杂声干扰，考试时当然更不怕了。如我们在大海里游泳，历经大风大浪，到泳池就能应付自如。

你还可以练练一边听音乐，一边看书。这个做法许多老师和家长都很反对，怕学生学习分心。但我就见过学生不听音乐看不进去书，做不了作业。这个习惯是好是坏暂且不论，但你能在有声音的环境中照常做作业，那么考试时有点声音干扰，抗干扰能力应该会比其他同学强。

最后，如果不堪忍受就举手报告。考场上有干扰考试的事情，不要一味地忍受到考试结束，不能忍受时就大胆地举手报告，让考场工作人员及时处理，只要你有理，完全可能被采纳。如阳光太刺眼，让老师用窗帘遮挡一下；监考者互相讲话，让他们注意一下等，不能让干扰继续。这就如一个脓包，与其反复阵痛，还不如一针刺破，长痛不如短痛。如果你一味地忍受着这些不适，烦躁会陪伴你整场考试。

考试时记忆断片如何恢复

大多数学生在考试中都有记忆突然断片的经历。面对一道试题，或是填空，或是选择，或是需要用某一个公式，却怎么也想不起来，似乎已呼之欲出，但就是无法完整呈现，到了门口却进不去，十分急人。

这种考试时的记忆断片，不纯粹是记忆能力的问题，与考前复习大有关联。可能有的知识我们并不认为是考试重点，考试却考到了，印象就非常模糊。有的知识我们接触过，但当时并未作有意识记，没有要求自己一定要记住，回忆时就不很清晰。有的知识记忆量大，区别却不大，很容易混淆，考试时也容易似是而非。我是语文老师，一向很反对纠正错别字一类的练习或试题，对的和错的极容易混淆，多看了错别字，受其影响，容易越改越错。

遇到了考试时记忆断片，学生有三个习惯性做法很不可取：一是拼命回忆，脑子绷得紧紧的，钻进去，却出不来；二是紧张焦虑，越紧张，越回忆不起来；三是胡乱答一个上去，听天由命，但会失去较多分数。

这些习惯性做法会使考试结果很糟糕，因此都不是好方法，只是一种应急反应，对于解决记忆断片帮助不大。所以，我一直认为，学生在考试中遇到这种情况，首先要镇静下来，寻找一些有效的方法，你可以这样做：

一是缓一缓，等一会儿再答题。先停下来，让紧绷的大脑恢复到原来的状态。十秒钟内回忆不起来的，再用五分钟一般也无效果，那么不如让回忆一张一弛更为科学，就如拉皮筋，绷紧不松手，时间长了，可能被彻底拉断。如果拉一下，松一下手，皮筋反而容易恢复到原来的状态。我们平时做练习，紧张思考了很长时间，暂停下来休息一下，伸个懒腰，就能恢复脑力。

当然，你在试题上要做个记号，以免忘记。然后可以先做其他试题，等你克服了紧张情绪，思路打开了，再回到这个试题上，也许记忆一下子就恢复了。其实，你在考试时，遇到试题不会做，干脆缓一缓，之后反而可能峰回路转，恢复记忆。

二是找一找当时记忆的背景。记忆的环境往往会变成回忆的线索，人的记忆就是这么奇妙，有着非常不可思议的关联性。譬如，你回到自己的母校，学生时代的许多往事会清晰地浮现在眼前。如果你不回到母校，在大脑中回忆母校的一些场景，也同样会引发你头脑中关于学生时代一些事情的记忆，势不可挡，就像打开了一道闸门。

你在考试时想不起来的相关知识，以前肯定接触过，甚至识记过，你可以先回忆在何种情形下接触过、识记过，然后再"拔出萝卜带出泥"。比如：自己当时做的笔记，在哪一页上可能就记有今天试题的答案，当时下面还画上了红线；课堂上老师讲话的音容笑貌、充满感染力的叮咛犹在，讲的就是这道试题；曾不知翻阅过多少遍的课本，今天试题的相关知识，在课文的例题中做过清清楚楚的分析；课文中有许多插图，曾引起过自己的兴趣，插图边上就记录了今天考试的答案；与同学们有过激烈的争论，互不相让，争论半天今天试题的知识；看过一场电影，所讲的故事，就是试题要我们回答的内容，等等。

  语文考试中常常有正字正音的试题，要求对一个字词标出读音，学生常常会记不起来了。我就教学生回忆电视或广播中播音员的播报，拼命去感觉，如亲临其境，许多忘记的内容就能回忆起来。这个原理很简单，你平时了解的许多标准读音都是从电视广播中获得的，而且声、韵、调都十分规范，已"潜伏"在你的记忆深处。只要一回忆电视广播的背景，正确的读音也就被带出来了。

到底有没有考运这回事

有一次，一位母亲带着儿子兴冲冲地赶路，见到了我，突然她拉着儿子就奔了过来。她与儿子都穿戴整齐，仿佛是去走亲戚。因为母亲与我很熟悉，所以讲话很随便。

她说："我是带儿子去孔庙祭拜的，求求孔老夫子给我儿子一点'考运'。"

我说："这有用吗？平时努力点不全有了，何必求之于先圣？"

她很无奈地说："有用没有只有这一招了。我儿子学习也算勤奋，就是'考运'不好。上次期中考试，语文 58 分，数学 58 分，英语 59 分，不是见鬼了嘛！"

我只能学鲁迅先生在《祝福》中的方法回答："'考运'？也许有，也许没有，谁知道呢？"

考试成绩的优劣与平时的学习和复习紧密相关，这个是常识，有时复习也很努力，自我感觉良好，就是到了考试，这临门一脚却输得很惨。不是自己没考好，似乎是命运开了一个玩笑，让学生很无助。譬如，中考或高考，有时就是差这么一分两分，未被好学校录取。在升学考试中，多一分、少一分其实并不那么泾渭分明，但招生录取时，一分之差，则性命攸关——这是否是"考运"使然？

我们学生平时也会讲"考运"不佳。考试有无"考运"不是绝对的，但会有一些偶然的、碰巧的、不以人的意志为转移的因素影响考试成绩，影响考试的录取，这确实是常有的事。

比如，有时你不会背的内容，一题也没考，考到的全是你背得滚瓜烂熟的知识，这也太碰巧了；有时你不会做的试题，一道也没出现，出现的试题都是你掌握的，这太幸运了；有学生说："天太热，我肯定考不好。"考试那天，天竟出奇地凉快；有学生说："我英语最差，希望别太难。"这一年英语考试果然是最容易的；有学生说："考试我最怕监考老师来回走动。"而这次考试的监考老师就坐在讲台旁没挪动一步。你说，这些考生是否很有"考运"？

我当年参加高考，也曾遇到过一件非常幸运的事情。那是参加地理考试。进考场前十分钟，站在我旁边的一位考生正在看台湾省地图，我凑上去也随意地看了看，并不当回事。结果开考后，拿到试卷一看，就发现有一道大题就是填写台湾省地图。我刚看过，当然印象深刻，就快速地完成了答题，当时这道题得分是 10 分。真的非常幸运，如果没有这 10 分，我的人生也许会是另外一种结果。

这么说来，似乎确有"考运"。但唯物地讲，实际是考试的偶然性好运。"考运"来无影去无踪，你不一定能够遇见它，但它又随时可能出现在你的身旁，可遇而不可求。既然"考运"的来临不以人的意志为转移，那么任何祈盼都没有意义。如果你相信"考运"，倒是可以将对"考运"的崇尚转化为消除考试紧张的心理暗示，这是完全可以试一试的情绪调节方法。你可以从几个方面考虑：

一是得之我幸，失之我命。考试结果受"考运"的左右，自己的任何紧张和焦虑都无济于事。多年形成的考试实力到了考场都已定型，发挥得如何，让"考运"来决定，得之是"考运"，失之也是"考运"，自己定定心参加考试，无需忐忑不安。

二是非我不努力，是考题太刁钻。谋事在人，成事在天，这个"天"就是"考运"。复习与考题相契合，功在考运，复习与考试不一致，不是自己不努力，是考题出得太意外，那么"听天由命"即可，也无须自责和沮丧。

三是考运无法改变，心情可以改变。打开考卷，看到试题，"考运"已经定型，一切都不能改变。考试，不可能让试题适应学生，而是学生需要适应试题。"考运"无法改变，我们能改变的是自己的考试情绪。干脆放开思绪，拼搏一次，如果一味地自叹"考运"太差，反而会产生不良的自我暗示心理。考好了是"考运"，考坏了也是"考运"，还不如安心考试。

我们为什么要考试

无论什么考试，绝大多数的学生都害怕，绝大多数的家长都焦虑，为了这些考试，家长甚至比孩子付出更多，但考试结果还很差。有位家长很无奈地跟我说："如果真的全面取消考试，那么小孩怎么读书就随他去吧。"

期中考、期末考、统考、会考、中考、高考，对我们的家长和学生来讲，也许太熟悉了，就像每天吃饭、睡觉一样平常。但是，我们为什么要去考试？你想过吗？

那还用问吗？只要是学生，考试，无论谁都逃不掉。

如果，我这里只是一种假设，如果哪一天真的全面取消考试，那又是一番怎样的情形？

学生不用再受到老师的催促，不用再听父母的唠叨。家长呢，也不用再焦虑。

学生不用再刷题到深夜，不用再紧张哪道题不会做，不用再忐忑不安地走进考场。

学生不用再与同学攀比成绩，可以昂首阔步走在同学中间。你也不用再追着老师问这问那，想去哪儿玩就去哪儿玩。

这是一种何等的自由啊！

但为什么国家不能给我们学生以自由，要让无数的考试压得学生快喘不过气来呢？

自科举考试以降，时至今日的中考、高考，绵延不绝。升学考试改革讲了几十年，仍脱离不了一个"考"字。

其实，考试自有考试的意义。它是我们学业成长的养料，滋润我们茁壮成长。没了考试，学习一定毫无生机。

我来讲讲考试的意义。

意义之一，激发学习动力。

有考试就会有竞争，有竞争就会有压力。因为有考试等着你，你要力争上游，你就会去认真听课，你就会去拼命刷题，你要去争取考试的完美结果。如果考试不及格，也许就过不了毕业这一关。考分不高，升学就无望。如果有几个学霸追着你，你会像兔子一样跑得更快。这种压力，催人奋进，是绝对的学习动力（当然压力要适量）。

意义之二，规范学习内容。

知识本就浩瀚如海。作为一门课程，你总希望知道哪些重要，哪些不重要。有了考试，等于告诉了你一个学习的范围，考什么，学什么，所以我们常将高考称为"指挥棒"。虽然我们反对应试教育，反对老师考什么教什么，但至少考试指挥棒指出了重点学科或每门学科的重点，否则为什么有些需要考，有些不需要考呢？譬如高考，语、数、外必考。

意义之三，检验学习效果。

老师教了你很多知识和技能，你学得怎么样？你学会了没有？可以用考试来检测。试题做对了，说明你已掌握了老师所教的内容，试题做错了，告诉你还需努力。考试要求在规定的时间内独立完成，信度较高，所以考试又称为教育的评价手段，教师可以依据考试结果来修正自己的教学方法和教学进度。

这种评价很重要，可以检验学生学习的效果，主要是期中、期末考试，我们称之为通过性考试。可以作为高一级学校录取的依据，主要是中考、高考，我们称之为选拔性考试。

意义之四，提升学习能力。

一场成功的考试，就如给我们注入了新的生机，能调动起学生一切学习的潜能。考试，没有一丝外力的帮助，不能拖延时间，全靠学生自己。此时，阅读速度、分析能力、记忆能力、反应能力、心理素质等都会迅速提升。有成绩压力才会全力以赴，平时我们在课堂上，可没那么多疾风骤雨。

意义之五，建立学习档案。

每一次大大小小的考试，以成绩的形式记录下来，就似一路走来的每一个脚印，形成学生的学习路径。学生可以在对比中看到自己的进步和退步，看出自己的优势与不足（如偏科问题）。

国家反对应试教育，反对将考试作为学习唯一的目标。我们所讲的考试，只是学习的一种手段，是方法，是工具。你如果企盼哪一天国家会因为反对应试教育而取消考试，那你也许会失望。

　　如果你了解了考试的真相，也许会减轻一些焦虑，至少可以做到心中有数，因为产生焦虑的原因之一往往是我们在黑暗中摸索造成的。

考试改革不要怕，这样准备

高考已经改革，中考也改革了，尽管对现行的考试方式家长们不一定都很满意，但也习惯了，而且已形成了一套驾轻就熟的应对方法。有些家长跟我讲起中考、高考的"行情"如数家珍，比我还熟悉，使我这个资深老师也自愧不如。

怎么改革，以陆续出台的文件为准，无须我来重复。改革的意图是什么？有党的教育方针来指导，我也不必解释，既然改革已逐步成型，怎么来调整自己的学习策略，这确实是个决定孩子升学结果的大事情，我们可以做点分析。

作为一个学生，还有几年甚至十几年的学习过程才能到达考试的终点。所以，不管你的孩子处于哪个年级，应该从现在做起，不急不躁，才能逐步适应升学考试改革，掌握考试的主动权，因为考试有一个后发效应，临时抱佛脚很吃亏。

那么，首先要了解的是升学考试改革的大趋势、大变化，根据我对政策的解读和现状的分析，大致可以归纳为以下几点：

其一，考试范围会越来越扩大。

我指的是考试的内容将变得更无边际。取消学科考纲，以课程标准取代考纲，这是目前教育改革的一个新变化。虽然，现在有的省市变相出台了一些考试内容的规定，但考试以课标为依据，肯定是大方向。考纲是什么？考纲是考试的范围，一般都要求学生在这个范围内复习、刷题，范围再大，总有尽头。所以我过去一直很强调"研究"考纲。课程标准是什么？是每门学科知识和技能的最基础的标准，是一条底线，上不封顶，这给了升学考试命题更广泛的空间。观察近几年的中高考试题，古今中外、课内课外、文科理科，变化多端。过去，试题一超纲就会招致一大批指责，现在则无"话"可说，因为没了考纲这个"范围"。

其二，考试题目会越来越基础。

考试虽说没了考纲的"范围"，但绝不会提升难度，因为权威部门已明确，"以后高考、中考，在小学学的内容也是必考的内容，要降低中考、高考的难度"。以 2019 年上海市高中学业水平考试 6 门科目命题要求为例，"试卷结构简明、合理，题量适度，处理好客观题与主观题的比例，试题难度系数在 0.75 左右"。过去试卷中的难题、偏题出现的概率不大，命题越来越趋向于学科基础。改革的着力点，不在考试的深度，而在于广度。

什么是学科基础？基本概念、基础知识、基础原理等应该是重点。

其三，考试科目会越来越综合。

这种综合体现在两个方面，一是试题的综合性，地理试题会融入经济、政治内容；历史试题会融入文学、地理内容；物理试题会融入化学、生物内容，等等。二是选拔的综合性，理科考生要求有文科基础，医科专业要求有物理基础，等等。

这方面在高考改革新政中就有充分体现。高考由原来考试科目3＋1（物理、生物、化学、历史、地理、政治中任选一门）改为3＋3（六门会考中任选三门），再参考高中学生综合评价，简称为"两依据一参考"，高考科目实际上是扩大了。这就意味着，你的学习将不再明显区分"主课"和"副课"，不再区分"文科"和"理科"，你的知识和技能越综合越有高考实力，其基本理念源于国家长期倡导的"素质教育"。

其四，卷面阅读量会越来越增加。

现在不少学生参加中考、高考，试题越来来不及做，时间不够。其实试题数量没增加，难度也没增加，只是卷面阅读量增加了。譬如，过去数学考试题面可能只有3 000字，以后题面阅读量也许达到5 000多字。过去语文试卷题面已达到8 000字，以后将达到10 000字。仅是阅读题目就会占用不少考试时间。这是考查学生对知识运用的熟练程度和思维速度，具有较强的选拔性。

其五，考后录取越来越多元化。

以后，学校录取考生，考分乃是重要依据，但不再是唯一依据。学校录取与国际接轨，不论是中考，还是高考，都将偏重于综合评价。

高考改革的"两依据一参考"是一个开始，中考的名额分配到初中学校也是一个趋势。

如果我的以上预判没有大的偏差，那么学生应尽早制定自己的升学攻略。重要的是修正自己传统的学习习惯，改变方法，与升学改革相对接，来一个华丽的转身。

你可以这样做：

首先，不要只紧盯课本教材，要培养自己广泛的阅读兴趣和习惯，扩大视野。过去考试命题是不能超纲的，课本教材往往是考试的范围，你固守这个范围也许非常有用。改革后的试题命题极有可能上下几千年，纵横几万里，讲究的是试题的综合性，那么只有课本知识是远远不够的。报纸杂志、电视新闻、网络信息，学生都应多接触，一定要开放自己的视野，平时要读得多、读得杂，这可以给考试积累丰富的材料基础。因为你见多识广了，就可以以不变应万变。有时面对考题，只是这么一个似曾相识的概念，就似黑暗中的一盏油灯，足以让你起死回生。

相反，阅读量很小，考试时，一个名词、一个概念，闻所未闻，那你的回答建立在什么基础上？成了无根之木。

其次，不要只满足某一学科专长，要逼迫自己具有广泛的学科兴趣。中国的教育方针，"素质教育""全面发展"早已耳熟能详，所以选拔性考试不会只注重你某门学科的高分。你需要具有多种学科专长优势，数学特别好、外语特别强，这些将来有助于你的成才。在中学生时代，在升学考试改革的大背景下，如果只满足某一学科专长，也许很难胜出。

你所具备的学科优势当然要保持，有机会强化更好。我说的重点是，你在学习中还要顾及其他学科，在精力、时间、兴趣等分配中，力争均衡化。

再次，不单纯追求学习中的精细与完美，考试要有速度意识。这种速度在考试中体现在三个环节，一是阅读速度，二是思考速度，三是书写速度。学习中的精细和完美很好，但现在的学习有时又是一场拼搏，没有机会让你闲庭信步。考试有时不仅是考你是否能回答，还要考你的熟练程度，考你的反应能力。你去体会一下有一种考试，200 道选择题，只需打勾选择，有时在一道题上平均只能停留 5 秒钟，你就知道答题速度的重要性。改革后的高考、中考，卷面阅读量会增加，这需要速度，自主招生中的面试，也需要快捷反应，有时速度就是考分。

考试增速能力是需要去有意识锻炼的，坚持不懈，就会有进步。

最后，不再循行读完一门结束一门的传统习惯，要常常将所学知识温故而知新。过去，学生苦读某门学科，考试结束弃如敝履，一扔为快。升学考试改革很重视知识的系统性、学习的广泛性。说不定在中考中联系上了小学的知识，在高考中放进了初中的技能，此时书到用时方恨少，很可能让你后悔莫及。

所以学习空余之际，常把过去的课本翻翻，把过去的作业看看，使过去的知识和技能牢牢记在脑子里，这其实并不困难，却是应对升学考改革的一个非常有效的方法。

考试如何乐在其中

说考试很享受，也许学生从未体验过，那只是他们不知道。作为父母，如果把考试的享受体验告诉孩子，让孩子慢慢体会，不仅能调节考试情绪，还能促进平时的学习。

我曾有一位学生，她在作文中写道："我喜欢考试，考试给我带来了欢乐和享受。我参加考试就如一种生活博弈，每次成绩出来，老师公布我成绩好，我就感到无比自豪。我不能设想没有考试的日子怎么过。"我也是第一次听说，"我喜欢考试"。

考试真的这么开心？这么享受？我想对于成绩优秀的学生来说，也许是的。而对于学习成绩不好、常常名落孙山的学生而言，也许就不是这样了。

但是，不论学生的考试能力如何，只要有享受的感觉，就会有利于他们的学习和考试，学习心态很重要。家长可以试一试，培养孩子享受考试的体验。很多事情不是我们做不到，而是我们没想到。

我与那位学生有过交流，形成的一致看法是：享受考试，可以从三个阶段去体验，体验那淡淡的幸福。

首先，考试前，享受特殊待遇。

复习迎考确实很艰辛，刷不完的试题，昼夜颠倒。但正是这种艰辛，才会博得大家的关注。在这个关键时期，你会得到许多平时未能获得的照顾，俨然是个"小皇帝"。

考试前几天，学校会停止无休止的上课，不会增加新的教学内容。为了让学生集中精力迎接考试，会增加许多"自由"的时间，享有自主复习的权利，有时还会安排一些休息时间，比起平时复习反而会宽松许多。

考试前，家里的安排也一切以考试为中心。父母会抽出更多的时间陪伴你，他们知道这几天是关键期。家里有再大的安排也会因为你的考试而中止，你的地位瞬时提升。改善伙食，不再让你干活，甚至不再喋喋叨叨，保证让你有一个宁静的学习环境，享受到更多的家庭温暖。

有时，到了考试前，整个社会都在为你服务，你可以享受祖国花朵般的呵护。中考、高考期间，政府会采取措施，有声响的施工会停建，小区内的喧闹会被制止，环保部门严格督查。学生考试期间，有些重要路段会交通管制，汽车按喇叭会被严厉处罚。去赴考的路上如果发生意外，所有人都会伸出援手。有时为了让你排除堵车，及时赶到考场，警车还会鸣笛一路护送。

其次，考试中，享受豁然开朗。

下棋者，车、马、炮被对方吃光，输得一败涂地。"象棋木头做，输了重来过。"新的一局开始，又是车、马、炮齐全，有一种重新开始的欣喜。有时考试也一样，上次也许考得很不理想，秣马厉兵之后，又有了资本重新开战，有一种一雪前耻的快感。

考前充满担忧与疑虑，不知道这次老师会出什么题目，复习更是漫无边际。只有当开打考卷的那一刻，"掀起你的盖头来"，一切都明明白白，你可尽情享受谜底揭晓的兴奋（不是答案揭晓）。如果试题在意料之中，攻克试题势如破竹，那种享受简直爽透了。就连我带学生参加中、高考，得知复习中猜中了哪些试题，都常常乐得手舞足蹈。那么考题在意料之外呢？是否也能享受？你可以比较着去体验。复习迎考是在黑暗中摸索（你不知道试题怎么出），而现在至少黑暗没有了，至少明白比黑暗更能接受。即使失败，还有下一次考试，失败乃成功之母。

最后，考试后，享受阳光、蓝天。

考试结束，百米冲刺过了终点，放下重负，大可享受长期劳累之后彻底放松的愉悦。

我的学生曾给我描述过这种愉悦："长时间的填鸭式的复习快把我撑死了，考试让我一吐为快。现在考完了，我不再需要往头脑里装那些永远装不完的东西，我也不去想考完后的结果怎么样，一切都过去了。我从考场出来的第一件事，就是仰天躺在教学楼前的草坪上，放松全身，什么都不想。感受温暖的阳光，享受蓝天白云。那种紧张后的放松实在舒服极了，没有参加过考试的人也许根本无法体验。"

如果考的不理想，其实也可以放松。悬在头顶上的考试之剑已落下，比起复习迎考时的担忧，应该坦然许多。真有什么考砸的焦虑，那也不再是考试本身，因为此时你面对的不再是考试的重负，而是面对考试后的尴尬，就如手术后的疗伤，而不是手术本身的疼痛。

在这三个考试阶段，如果你都能得到如此体验，也许你就能够坦然面对考试，不再视考试为畏途。一个战胜考试的学生，一定是学习最轻松的学生。

体验考试有时会很享受。作为家长，你想不想告诉孩子？

考试，其实别人和你一样

家长喜欢将自己的孩子与别人家的孩子对比，面对别人家孩子超越自己孩子的地方，心里或是不甘，或是气馁。殊不知，有更多别人家的孩子，他们的父母对你家孩子的长处也是不甘，也是气馁。大家相互比，比来比去，比出点什么了呢？羡慕嫉妒恨。

学生之间也会相互比较。他们之间除了向上比，也有向下比。尤其是低年级学生，他们向下比得更多，与高年级学生相比，他们学习中很少有焦虑。

有家长跟我说："我儿子太没出息了。我问他这次考试怎么只得了个及格？他竟理直气壮地回答我：'我们班还有同学考试不及格呢！'"

还有家长苦笑着对我说："我儿子上课就是话多，不遵守课堂纪律，老师常来告状。我说他几句，他却对我说：'还有同学上课讲话，被罚出了教室呢！'你说他怎么不跟守纪律的同学比呢？"

似乎学生是在相互比"差"。人往高处走，水往低处流，这样往下比，岂不是越比越差？会不会比到成绩成了倒数第一才无话可说呢？

那么好，我们假设，如果他与优秀学生比，别人考满分，自己只考个及格。别人是老师喜欢的好学生，自己是天天受批评的差学生，那情况又是如何呢？会不会因此而奋起直追？我想，很难。因为对于中小学生来说，他们还未成熟到学习自觉阶段，还不会从失败中醒悟。也许这样比，给他们带来的更多是自卑、失落和焦虑。

我带过一届高三毕业班，有位女生，她学习实力在班级占中游，可父母对她却有很高的期望。凡学校有考试，就一定要问我拿成绩排名表。看成绩名次上下变化，比分析股市行情还紧张。弄得他们女儿也十分紧张，而且常常自卑，总感到自己的成绩随时可能掉队。到了高考时，竟然发生了一件谁都没想到的意外。考试铃声响起，她拿到考卷，手就颤抖不已，根本停不下来，无论如何都无法握笔答题，只能哭泣着离开考场。

所以，"比差"有时比"比好"心态更好，只要不是故意敷衍家长和老师，能够保持一个好心态，就能够形成"我不比别人差"的自信，对学习和考试更有帮助。

"比差"或许有一些"没出息"的感觉，那么，我们可以"比齐"。在平时学习中，特别是在考试中如能运用好"比齐"的心理暗示，不仅能使自己平复心态，而且还会形成学习动力。

运用这个方法就是让你的孩子可以在任何学习环节中思考"其实别人和我是一样的"。

本来我们就都是一样的。现代科学早已证明，人的智商差异并不大，天才和愚钝之人都是极少数。我们接受教育的条件也是一样的，师资、教材、设备设施无大的区别。国家制定了统一的课程标准，教学目标也基本一致。

所谓的天生聪明，也许是你对别人的臆想。我曾见到过一位成绩优秀的"坏"学生。她成绩很好，她学习动机不纯。为了将其他同学比下去，确保自己的成绩名列前茅，为的是证明自己的聪明。下课以后，鼓动大家随她一起去玩乐、逛街，经常玩到很晚。那些憨厚的学生玩得筋疲力尽，回家以后再也没有复习功课的力气，她却偷偷挑灯夜战，刷题看书全不误。期末考试成绩下来，同学们看不懂，你也与我们一样玩耍，为什么成绩这么好？问她方法，她笑而不答，一脸就自己最聪明的模样。后来中考，她的成绩在班级中并不是特别优秀。其实，她和我们一样，只是我们上了她的当，她并不比别人聪明多少，只是她的心机比较重。

在课堂上，老师讲的内容如果一时无法理解，你不要烦躁，不要以为别人都听懂了，只有自己没懂，其实别人和你一样，他们也正为此苦苦思索。你可以先让自己的心安定下来。

回家作业一大堆，你不要抱怨，不要去为明天交不了作业而恐惧。其实别人和你是一样的，他们也为完成不了这么多作业愁眉苦脸和叹息。你就静心做起来吧。

老师让站起来回答问题，你非常害怕，怨恨自己胆子小，其实别人和你是一样，他们上台回答问题也会心慌意乱。你只需要勇敢地站起来，视若无人，一定能回答得很好。

考试时遇到难题，当你绞尽脑汁还是无法解答时，一定会紧张，看到旁边的同学奋笔疾书，时间又在一秒钟一秒钟过去，无形的压力要把你吞噬。考试越慌乱，答题越困难，此时使自己镇静下来是唯一的出路。这时你就要想，其实别人和我是一样的，我答不出的题目他们肯定也答不出，我失了考分，他们也一样失了考分，大家都做不出，考试成绩也就扯平了。只要你镇定自若了，也许就会豁然开朗了。

所以，考试的时候，要想获得一个好成绩，有时不仅比水平和能力，更是比心理素质。就像体育运动员在赛场上拼搏，狭路相逢勇者胜，所谓"勇者"，就是拥有良好心理素质的人。

还有一种择校叫"借读"

　　择校大战时，有的家长听说过"借读"，有的家长却从未听说过"借读"，但不管是否听说过，借读作为一种另类的择校方式，作为一种非正式入学渠道，已经存在了几十年。

　　择校是有硬条件的。现在上幼儿园就开始择校，据说也要看学生的水平够不够。升小学、初中虽然不考试，但公办学校要对口入学，民办学校过去要面试，现在要摇号，都不能随心所欲。高中择校，要看学生的考分够不够，考不到录取线，差一分都不行。那么，想去自己心仪的学校，如果不对口，尤其是考分不到，会有人给你一个"借读"的建议。

　　很多家长问我，借读是什么意思？

　　你可以去查询政府颁布的所有招生政策，就会发现没有借读这一条，学校招生简章中也没有借读这一说。实际上，借读是一种协商就读，既不能违反政策，又不能损害学校的利益，更要有点"面子"。你要想走借读途径，至少有两道关卡要过，一是取得借入学校的同意，二是征得借出学校的首肯。只有这样，才能将自己的学籍关系留在借出学校，而人则可以去借入学校读书。如有的学生户籍在 A 地，人却常住在 B 地。

一定会有家长问，为什么要让借读的学生"人户分离"呢？这里大有玄机。

对借入学校而言，原因大致为两条：

一是学额限制，无法扩招。所有学校招生数量是有限额的，尤其是优质学校，学额更为紧张，政府部门不允许随意扩招，高中更不允许降分录取，学校招收借读生不占学额，教室有空余，就会安排非学籍学生就读。

二是成绩有差距，借入学校担心影响学校总成绩。因为借读生的水平或考分未达到入学要求，他们的成绩很可能给学校总成绩减分，而借读生的成绩一般统计在借出学校，借入学校就没了后顾之忧。

对借出学校而言，有百害而无一利，原因大致有四条：

一是学籍放在借出学校，要义务管理学籍，遇有统考、会考、升学考试等学生未及时办理就会产生矛盾，不仅增加了工作量，还要承担责任。

二是学生要去外校借读，也意味着对借出学校教学质量产生怀疑，影响学校的声誉。

三是如果一个学校借出学生太多，会影响借出学校的正常教学，一个班级稀稀拉拉几个学生，老师无法集体教学，学校牌子也会越做越差。

四是学生借出去之后，结果最终成绩不佳，但因学籍在借出学校，所以考分统计也在借出学校，很不公平。

由此推论，借读的最初发源地应该在借入学校。

于是，有家长继续问我："借读到底好吗？"

我的回答是："历程艰辛，风险很大。"

我曾在自己的学校做过统计，成功与失败的比例大约在2：8。其依据是同分进校的学生，分借读与不借读的两组，对参加高考后的考分进行了对比。

寻找失败的原因，其实很简单。

一是违反因材施教的教育规律。借读学生的学习基础（进校考分）一般是借入学校学生的最底层，而学习过程却被要求与班级同学一样，一样的进度，一样的作业，一样的测验考试。上课的老师根据班级学生的整体水平进行教学，借读生一般跟不上。

二是学习成绩上不去，"压力山大"。班级其他同学学习成绩节节高升，自己却翻不了身，很可能丧失信心。时间长了，学习成绩更会受影响。

三是特殊的身份造成的冷落。借读生实际是旁听生，类同移民国外没有绿卡，往往低人一等。会不会受到同学的歧视？会不会被老师忽视？借读生往往会很敏感，碰到挫折容易心情不畅。

我一位同事的儿子，中考成绩还不错，离第一志愿学校仅差2分。经过百般努力，让儿子借读，进了示范性高中，学籍留在按考分录取的一所普通高中。三年内，同事为了督促儿子学习，可以说是心力交瘁，结果，高考考分只够进大专院校。他懊丧地说："当年留在普通高中，中考成绩在班级里是第一名，这个班级的学生高考，一本率是 31％，我儿子再差，考个本科应该是完全没问题的。"对同事的儿子来说，借读有没有起到积极的作用？有，当然有，只是一点点，而就这一点点，如果你能意识到，并充分借力，就可能改变学习命运。

总的来说，学生借读的目的，就是为了获得一个更优质的学习环境。与借出学校比，你进入的就读学校学生成绩好，学校品牌优，学习竞争强，老师一般也更有信心。近朱者赤，你的学习习惯、你的学习态度、你的学习方法都会随之改变。好的学习环境，具有极其宝贵的激励效应，如果学生能适应，被优质的学习氛围带动，与借入学校的学生共同提高，无形中你会获得长足进步，成为一个成功的借读者。

了解了借读的来龙去脉，是否还想去借读呢？关键要看你的孩子。这里我给出三个适合借读的条件：

一是你的水平或考分接近借入学校的要求，只有较小的差距。进入学校后，只要努力一把跟上教学进度不很困难。有家长问我："面试排名相差五百名，可以借读吗？"也有家长问我："中考成绩低了二十分，可以借读吗？"我只能苦笑着回答他们："你说呢？"

二是你升学考试真的有失误，平时成绩并不是这样。很多学生把考试失败怪罪于没考好，有时是一种误判。确实考试有很多意外，譬如，复习不对路、考试粗心、考试那天正巧生病等等。如果你的学习真的有实力，只是这次没发挥好，那么可以借读一试。

三是你有极大的信心和决心，有学习的自觉性。这说明你已接受了过去的教训，幡然醒悟后极有可能激发潜力，那种爆发力足以抵御借读给你带来的种种不利。那么，我当然鼓励你去借读。

据说，借读现象比较混乱，教育主管部门已在学校借读人数、途径、学费等方面做了一些规定，这样一来，"民间"的就读渠道就有可能变成"半官方"性质。

升学季，教你如何选择好学校

过完春节，择校的热潮就一浪高过一浪，凡有毕业生的家长，都陷入忙乱和焦虑之中。

我有位亲戚，孩子要小升初，过年时遇到我，就问这问那，好像面临的是生死抉择。以后电话不断，社会上一有招生的风吹草动，都搅得他六神无主，在电话里非得问个清楚。很多问题我也根本回答不出来，真有些招架不住。让他焦虑的无非有三个原因：一是迷信社会口碑，人云亦云，典型的从众心理；二是面对铺天盖地的网络信息，他看到什么都信以为真；三是熟人交流带来的焦虑，朋友圈老师、同学家长、朋友等，"内部消息"满天飞，让他不知所措。

一天半夜，一阵电话铃声把我从熟睡中惊醒，我的亲戚在电话的另一头，慎重宣布："我们开了一天的家庭会议，现在决定不考民办初中了，还是进对口的初中。想听听你的意见。"我苦笑着问他："你知道现在是几点吗？"他才一下清醒过来，忙与我道歉：

"对不起，对不起，我们商量得太投入了，完全忘记了时间，啊！半夜了。"但他仍然执意要我回答："反正都吵醒你了，就给个建议吧！"我说："我迷迷糊糊的建议你要听吗？"

要择校，首先要会择校，要懂得怎样的学校是好学校，首要的是要走出择校的误区，主要有三个方面：

一是是否考试成绩排行榜靠前的就是好学校？

升学考一结束，根据市、区的学生考试成绩，学校的排行榜就会在网上流传开来，似乎煞有其事，但对其来源却不见标注。因为国家是严禁给学生学习成绩排名的。即使教育质量分析需要一些数据统计，也很难形成排行榜，且绝对不能外泄，又有谁能轻易拿到这些资料呢？我曾见到过两个完全不同排序的排行榜，却不知道该相信哪一个。

二是是否升学状况优秀的就是好学校？

几乎当校长的都知道，决定一个学校升学考成绩高低的关键因素是生源质量，进校录取分数线越高，三年后，升学考试的成绩往往越好，所以校际之间的生源大战一直打得火热。一所学校比另一所学校学生成绩好，教学的作用有时并不十分明显。如果你分数较低，录取在普通完中读书，结果考进的是名牌大学，那才代表学校的教学水平较好。作为一名学生，选择了一所学校读书，成绩排名原进原出，意义不是很大，如果能够低进高出，升学考跳上几个档次，那才是真正意义上进了一所好学校。

我曾在一所高中任过校长。这所学校的录取分数线是全区倒数第一。经过三年的培养，高三毕业参加高考，所有学生考分达到高校录取线，当然包括大专院校。我就在教工大会上自我表扬，我说："每年录取率是80％，落榜20％。按进口与出口的常规来讲，我们的学生会全部落榜，因为我们的学生是普通高中进分线以后的20％，但我们高考百分之一百上线，这是一个怎样的奇迹啊！"

三是是否学校等级高的就是好学校？

根据对学校的评估，国家会对学校进行分类，譬如市、区重点学校（现在称为示范性学校）。根据学校在社会上的影响力，民间也会流传着学校的"排行榜"。这些作为参考，有一定的意义。但学校评估认定不是每年进行，"排行榜"也是民间流传，有时，学校早已发生变化，你可能不知道。学校仍挂着光鲜的招牌，其实可能早已名不副实。

我们常说适合自己的学校就是最好的学校。升学季，我给家长讲这个话，大都不受欢迎，似乎有贬低他家孩子的意味。那么，我们现在抛开这句话，单纯讲学校的品质，讲好学校。犹如不讲病症，只讲药的价值，人参比丹参好。从这个角度入手，我认为有两个点很有参考价值：

首先，是传统学校。有历史、有传统的学校往往也是品牌学校，这些学校不一定像新兴学校那么亮丽，甚至还有些陈旧，但有着厚实的文化积淀和一脉相承的教学传统，对学生的发展可以说就是一片沃土。现在什么都讲青春、讲朝气，但老师、医生也许老的更精彩。学校也一样，上海许多百年老校，一个校名就具有丰富的想象空间。家长口中的"四大名校""上海八强"大多属于这类学校。但又远不止这些学校，在上海许多小马路甚至弄堂里，就有不少传统老校，校舍陈旧，风采依旧。

有段时间，很多新兴学校大肆炒作，名声大噪。我与"四大名校"之一的某位副校长聊天，她的一句话给我留下很深的印象。她说："学校的品牌和质量能在几年之间形成吗？所以我们一点也不焦虑。"

其次，有优秀校长。教育界有句名言："一个好校长就是一所好学校。"校长的学术素养、办学理念、治校方针都决定了办学成效。过去有很多著名中小学，一提起学校首先就会提及校长，名校与名校长合为一体。也有一些学校，本已颇有起色，换了校长，学校马上开始衰败。一个好校长，对学校的影响无所不在，我去学校督导，有时一进校园，就可以感觉到校长的个人魅力。

想要了解一个学校的校长并不困难，除了社会口碑之外，上网查一查，一览无遗。

学校更名是否能提高教育质量

有位家长非常激动地告诉我："我家对口的初中本来教育质量很差，明年要开始更名，变成大学附属中学了，那不就成了名牌学校？我家也变成了学区房，我也就不用到处择校了。"激动之余又有些担心："但听说，老师和校长都是原来的，教学质量靠得住吗？"

现在学校更改校名的现象很普遍，新建学校也千方百计挂上一块名牌，目的都是为了提升学校的品牌效应。尤其是民办学校，学校的品牌关系到他们的生存和发展，有时竟将学校的牌子挂到各地去开连锁学校，以壮声威。有家长也问我："各地同一块牌子的学校，教育质量都是一样吗？"

学校更名，挂一块名校的牌子，对学校而言无论如何都是件好事。但是学校教育质量能否与品牌同步提升，这是要看具体情况的。过去学校品牌要经过几十年的努力来打造，是教育质量建立学校品牌，现在是学校品牌促进教育质量，有一点速成的味道。

那么，学校更名后，会否真的提升教学质量呢？我认为可能性很大，有的确确实实产生了许多正面效应：

一是学校会获得一些更名后相应的政策倾斜。大学附属学校，挂牌以后，仍"原汁原味"是说不过去的，学生和家长也会质疑，所以在师资调配、教学指导、校舍修缮等方面会有所变化，只是家长不一定知道。现在推行集团化办学，在一个名校统率下形成教育集团，集团中每所学校的教学资源理论上都应该共享。在办学的软件和硬件上，都有所提升。过去市重点中学初、高中脱钩，初中部独立建校，现在又开始逐步整合，两块牌子一套班子，有的干脆合为一体，这种对教育质量提升应该是有保障的。

二是学校更名能提振办学信心。一些学校十几年、甚至几十年的老校名一成不变（不是好品牌），养成的办学弊端也一直延续下来，在社会上的负面评价挥之不去，办学有时会很艰难。更改校名以后，一般来说，换的是块牌子，学校会有焕然一新的感觉，品牌效应会给学校带来更多的办学信心。就如一个人，换了一身品牌服装，人尽管还是那个人，但个人的感觉不一样了，就会更加注意自己的言行举止。

三是学校的优质品牌能够吸引优秀的学生，学校更名也能起到这种效果。生源稳定了，甚至提升了，教学质量也会相应提升。我见到过很多更名的学校，很神奇，名字一改，很快就扼制了生源逃亡，甚至还有学生千方百计挤进来，这是政府部门和学校最希望看到的更名效果。

当然，并不是所有的学校一更名便提升了教育质量。如果不做根本的改变，趁势而上，那就只是更名而已，所以家长想了解，可做两方面的观察：

第一方面，是否换汤不换药。学校除了更改校名外，如只是一块很响亮的牌子，但学校其他一切照旧，没有任何变化，那么这块校牌也就只是一块校牌，教育质量不会有任何提升。这种学校不少见，大学附中、重点高中附属初中、科研所附属学校，多响亮的牌子。有时为什么就没有学生愿意去呢？

第二方面，品牌是否被稀释。一个再好的品牌，其优质的教学资源总是有限的，而且这些资源又不是短时间内就能快速增长的。就如一瓶美酒，要斟满几十个杯子，根本不够，没办法，只能掺水。譬如很多连锁学校，品牌是一个，却各有差异。还听说有的大学，下面附属了十几所附中，一所大学就这么些资源，怎么够用？

讲了这些，也许你会不耐烦，我们普通的家长和学生怎么可能了解这么多？如何去判断一所学校的优势？我们又没内部消息，也不懂教学质量，那该怎么办？

如果你还觉得不清楚，我再教你一个最简单、最有效的判断方法，我取名曰"随大流"。

有一次，我到四川一个小县城出差，中午时分，准备吃饭，面对满大街的饭店不知去哪家，初来乍到，又想价廉物美，我请教出租车司机。他告诉我，很简单，哪儿人多去哪儿呗。果不其然，我挤进一家人满为患的饭店，吃了一顿美美的午餐。

教育界有一句大白话："哪所学校办得好，学生的脚在打分。"

我们去督导、去评估，其实，学生报考的风潮早已在给学校做评判了。所以，你如果实在无法知晓一所学校的真实评价，那就去看看学生报考的情况，学生争相报考，只要不是学校故意炒作，基本上就是一所好学校。

"菜小"是否真的没有优势

有一次，一对夫妻请我去做客。实际上是让我参加了一场激烈的"辩论会"。他们家住在一个新村，离市区有 10 公里路程，我开车前往，等我到的时候，他们似乎已争执了一段时间。

两人争执的主题是儿子小学毕业要不要在新村的初中读书。丈夫作为正方首先开炮，很决断地说："民办初中可以去面试一下，如果面试不成功，那就读对口的初中，决不再去想什么其他办法。"

妻子作为反方，很不屑地说："儿子像你一样，不求上进，将来还会有什么出息？已经在新村里的'菜小'读了五年，这次再不选择一所好的初中，前途就彻底完了。我说不是去面试一下，是一定要成功。不成功必须想其他办法！"

他妻子口中的"菜小"之名本是家长们的自嘲，是教育质量不高、学校校舍陈旧、很多学生都不愿去的小学的代名词。过去市中心有许多弄堂小学，旁边有菜市场，菜场民工子弟"就近入学"，这样就被戏称为"菜场小学"，简称"菜小"，有"菜小"也就有

"菜中"。我也曾是"菜小"的毕业生，记得当年上学，要穿过一条逼仄的弄堂，钻过两旁人家晾晒的衣服，才能到达学校。校舍邻近居民的住房，上课时还能看到他们炒菜烧饭。但在我的印象中，那时的师资并不弱。后来我到了区教育局工作，有事到教育学院去，还专程拜访了管辖全区语文的教研员，他就是当年我们那所"菜小"的语文老师。

与妻子意见相左，这位丈夫对我说："她还折腾些什么，读书真的到民办学校去，离家那么远，一个来回起码三个小时。再说民办初中一定比公办初中好吗？我想差不多的，我们对口的初中，考进重点高中的也不少，何必呢？"

妻子转过身子对我说："其实他同意去面试民办就是做个样子，骨子里就不想成功。想让儿子读了'菜小'读'菜中'，读了'菜中'读'菜大'，都窝在家门口，人也变菜鸟。"

他们想让我仲裁，但我怎敢贸然拿出一个肯定的建议，出错了主意，夫妻俩岂不恨我一辈子，到时朋友也没得做了。我只能以教育工作者的身份，告诉他们一个择校的禁忌：学校不要离家太远。《教育法》规定"就近入学"，政府花大力气办家门口的好学校，就是为了不让学生上学从小长途跋涉，这才符合教育规律。读高中、大学则没有这个说法，因为孩子长大了。每天把大量的时间花费在路上，既不安全，也很浪费。碰到刮风下雨更是不便，家长和学生都受累。

问题是花这么大代价，逃离"菜小"，"菜小"真的如此不堪吗？

在家长眼中，优质学校有三条标准：一是毕业生考进名校的概率高；二是学校老师水平高；三是校舍漂亮，设施好。过去还有家长追求学校校名好听，现在比较理性，大家都知道了好名称不一定是好学校。

我一直认为，"菜小"是开玩笑叫出来的，我们有时为了突出品牌学校，则贬低了普通学校，具有更多的人为色彩。如果我们还"菜小"以本来面目，也许更多的家长会理性择校，也不会一味去追求"名校"了。

"菜小""菜中"一定有翻身之日，因为它本身并不"菜"，我有足够的理由来证明给那位与丈夫争执的妻子看。

第一，"菜小"的师资力量并不弱。我曾每年到人才市场招聘教师，手持简历应聘队伍排得最长的是公办学校。公办学校有国家编制，有进入本市户籍的机会，非常吸引大学生。现在有些著名高中把招聘之手伸向清华、北大，可见他们的实力。一些不是很有名的民办学校招聘摊位上，大都是公办学校简历都送不进的大学生才去光顾。高校优秀毕业生想当老师，首选的还是公办学校。

第二，升优质高中率一般不低。小学现在根本没什么升学率，不少家长蒙在鼓里。初中中考有升学率，家长关心的是升优质高中率。民办初中可以择优录取，一般是最好的生源。公办初中是就近入学，学生不能挑。"菜中"还有学生"跳槽"，他们的生源很差，如果这类学校中考有较好的升学率，这是一个了不起的壮举啊，它们的"教学质量"一定远超品牌学校。

我知道有所初中，地处一个 20 世纪 70 年代的老小区，校名与小区新村名一致，没什么品牌。小区是一个普通的居民小区，学校是一所普通的学校，是典型的学生家长眼中的"菜中"。该校学生都是本小区居民的子女，生源很一般。区教育局推行加强初中政策，大约这三四年发生了很大变化。老师还是这些老师，学生还是这些学生，但这所学校的中考成绩却排到了全区公办学校的第二名。

第三，校舍设施越来越好。现在办教育，政府不缺钱，国家投入很大。尤其新建的配套学校，虽不奢侈，但也够气派。一些弄堂里的学校，校园虽无法扩展，但都改造得非常精致，那充满风情的老校舍，历史悠久的老校名，令人遐想无限。

我认识一位副局长，他儿子就在家附近的一所非常普通的初中就读。我曾问他："你怎么不给孩子找一个好一点的初中呢?"

他想了想跟我说："说实在的，我对这所学校有感情。我爸爸是这所学校毕业的，我是这所学校毕业的，如果孩子也从这所学校毕业，那不很好吗? 初中学校差不多，都是在教室里上课，好学校有什么另外的教材教法? 学校离家五分钟，没有路上的时间，节约下来时间多做做练习，不也很好吗。再说，义务教育免费，为什么不享受呢。"

家长应该知道民办学校为什么火

民办小学、民办初中现在非常火。家长有没有想过,民办学校为什么会这样火?如果你知道了,为孩子择校也许会更加精准。不能因为大家都热衷民办,我的孩子打破头也要往民办学校挤。

20世纪90年代初,谁都不知道民办学校将会面临什么。政府将一些公办学校改为"国有民营",当时定性为转制学校,在社会上被称为民办学校。教师仍然保留国家编制,校长等干部由区教育局调配,校舍也基本免费使用。虽然转制,学校占了公有、私有的两头光,当时很多人还是怀疑,这样的学校能办得起来吗?当时我在区教育局做青年干部培训,转制学校请我物色几名中层干部,谈了几个人,人家根本不肯去。

结果,民办小学、初中竟然就这么火起来了,而且越来越火,火到20∶1的录取率,火到招生季校长要东躲西藏,火到家长交几十万赞助费也在所不惜。怎么会那么火呢?应该得益于三个效应和一条政策。一是校长大多由办学者聘请退休的或在职的资深校长担任，产生名校长效应。这些校长不仅名声在外，还有广泛的人脉。二是选定一个办学特色，或是外语，或是科技等，产生特色效应。三是挂靠一块品牌，大学附中、名校分校等，产生名校效应。三个效应之外，还有一条政策，就是可以自主招生。这条政策很厉害，因为当时正好重点中学初、高中脱钩，初中不办重点了，免试就近入学，家长没得选。民办学校可以选择，招生热直逼过去的重点初中。假设当年重点初中没有被取消，这些响当当的品牌，民办学校根本无法与之匹敌，民办学校发展会艰难得多。我们看现在，重点高中没有取消，还要通过中考拼搏，时至今日，民办高中始终火不起来。

之后，社会资本进入教育领域，办起了真正的民办小学、民办中学，此时民办学校已光芒四射了。后起的"真民办"趁势而为，打响民办品牌。有的学校干脆在校名前明明白白地加上"民办"两字，使得家长追求优质学校，只问是民办还是公办？

民办中小学受到家长追捧，总有其魅力所在。据我观察，有四大优势：

一是名校长管理有比较先进的办学理念。我接触过一些现在的民办学校校长，虽不如过去那么有名，但大多数不是名人至少也是能人。民办学校现在越来越市场化了，竞争相当激烈。公办学校有时无奈要养点庸人，民办学校绝对不行，否则学校就会倒闭。能人不仅会管理学校，也有自己的办学理念，有树立学校品牌的攻略，一个好校长就是一所好学校。

二是自主招生可以集聚优秀学生。这是民办学校似一匹黑马猛然跃起的一大神器。民办学校有面试的选择，把优秀学生聚集在一起，加上老师非常努力，就有了让公办学校妒忌的"教学质量"。同时，民办学校营造了良好的校园文化氛围。我曾去一所民办小学，参加四年级一个班级的联欢活动。班级中几乎每人都熟练掌握一门乐器，一场联欢活动就是一场小型音乐会，吹拉弹奏，极有水准。一般学校还真做不到。

三是高收费提升了学校的经济实力。经济实力是办学的重要条件之一。民办学校资金充足，有经济实力可以招聘更好的老师，可以改善办学条件。更让公办学校羡慕的是，民办学校经费使用比较灵活。民办学校火了之后，我们这些公办学校校长曾去参观，看到民办学校的设施条件，眼睛为之一亮。休息区设有咖啡吧，老师课间休息，免费饮用咖啡，整个楼面咖啡飘香，让我们心生羡慕。

四是灵活的激励机制产生了优质服务。民办学校老师的工资和聘用都可由学校自行决定，不认真工作会面临严重的后果。他们把家长和学生视作衣食父母，对学生的教学和管理非常尽心。但民办学校火了以后，有些学校也开始膨胀起来。我听一位朋友告诉我，他与学校发生了一些小矛盾，找他们去理论，学校管理人员不再像过去那样彬彬有礼，竟说："你不满意可转学啊，有的是学生想进来。"

我长期工作在教育系统，见证了民办学校火起来的全过程。我也是家长，当然十分关注这个火起来的教育资源。民办中小学火起来的来龙去脉，大概就是我说的那样。家长们了解了这个来龙去脉有助于理性选择。民办中小学应该是选项之一，而不应该是唯一的选择。

世界上什么事情都不会是一成不变的，民办中小学火爆的行情也会发生变化，究竟有无降温，让每年报考的学生数据来证实。有几个点，家长应多关注：

其一，国家已正式出台政策，民办中小学招生以随机摇号的方式来录取。实际上是取消了民办学校的招生自主权，也就意味着民办学校无法再自主挑选学生。

其二，过去转制学校的"国有"成分要完全退出。公私分清，民办学校要以真正的民办规则办学，学校的经济实力会受到影响。民办学校有可能提高学费或降低办学条件。

其三，民办学校超速发展，政府早已开始限定公办、民办的招生比例，说明民办学校太多了，民办不再是优质教育的代名词。今后，有特色的学校可能才会火起来。

国家公布民办中小学招生采取摇号录取政策以后，遇到一群家长，庆幸地对我说："谢天谢地，我们总算在摇号之前进民办学校，还算原汁原味。"没过多久，又是这些家长，见到了我，愤愤不平地说："凭什么我交了民办学校的高学费，千辛万苦考（面试）进去，却要与一帮不考试的学生在一所学校读书，原汁原味中加了水，全被稀释了。"

民办学校招生要摇号，学生怎么办

最近碰见一位老朋友，见到我就说："民办中小学录取要摇号了，那么我这几年给小孩参加各种培训都白弄了？"言语中很是不平。

其实十年前，有位资深的区教育局老局长就曾很内行地跟我说："择校这么热，早晚要控制的。其实并不难，只要民办中小学录取一律摇号，择校热马上土崩瓦解。"

果不其然，最近国家已明确作出规定，义务教育阶段的民办中小学招生，报名人数超过录取人数，将用摇号的方式进行。接下来就会落实，这没有任何疑问。

其实公办中小学入学招生早已在用摇号的方式，只要一个地块之内有两所学校可以就近入学，就采用摇号录取的方式。这次延伸到了民办中小学，也顺理成章，因为教育公平一直是国家的基本方针。现在公办学校招生摇号，民办学校招生也摇号，学校不能再选择学生。对公办学校来说，也许期盼已久，生源一样了，教学质量评价更显公平。

公办学校就近入学，早已没有招生自主权，习以为常。民办学校是第一次，对各方面将会产生什么样的影响呢？从正面理解，至少有三个方面：

一是体现教育公平的理念。也就是说，国家提供的学习条件和招生政策对每个学生是一样的，绝对公平做不到，机会均等，发展靠自己。国家对学校的评价标准是一样的，那么给学校的竞争条件也应该是一样的，这也是教育公平。如果民办学校可以自主招生，公办学校不可以自主招生，那么何来公平？

二是给学生真正的减负。教育主管部门为了给学生减负做了许多工作，也出台了一系列规定。譬如，限制学生回家的作业量、限制过多的考试，等等。但实际上，并没有真正减下来，学校减负，家长会增负，因为择校有"面试"，有竞争，这根"考试指导棒"还在舞动，家长和学生一定会围着它团团转。现在"指挥棒"没有了，升学没有竞争了，减负才会真正实现。

三是缓解了家长的焦虑情绪。幼儿园、小学毕业班的家长，如果想面试进民办学校，都很焦虑。而且不是毕业时才焦虑，因为早几年就要开始准备，真的很累。参加民办学校面试，竞争十分激烈，考什么，各学校可以自由发挥，连续性和规范性都不稳定。也就是说，学校想怎么考就怎么考，焦虑的家长根本就没有"考试"的方向。现在不用"考"了，那也就不用那么焦虑了。

那么，民办中小学摇号录取，对想送孩子进民办学校的家长有什么影响呢？大致有两种"失落"：

一是优质的学习条件没有了。这部分家长是优质学校的铁杆粉丝，从孩子很小起就想为孩子创造最好的学习条件。民办学校是否都优质看法较多，但学生素质相对较高，学习氛围比较浓厚，对老师上课要求较高，这都是客观存在的。随着学生摇号录取，这些"优质"还能保证吗？况且摇号一定能摇中吗？这些家长突然没有了方向，不知道还有哪些优质学校可以去努力争取。

二是炫耀身份的机会没有了。有些家长送孩子进民办学校，或者送孩子进品牌公办学校，一为孩子学习，二为自己争光。有时更看重争光。家长有句话我们常听到："我家小孩进不了好学校，我面子往哪儿放？"有些家长甚至把这当成炫耀身份的机会，认为择校一要权，二要钱，这就是"身份"。我的朋友继续问我："白弄也就算了，接下去怎么办呢？"

我说："培养学得的知识和技能仍然留在你孩子身上，'薄技在身'，怎么叫'白弄'。孩子没有了择校的机会，国家提供的学习条件一定会均衡化，你把择校的干劲放到平时对孩子学习的关心中，目标是学习成绩全班第一，岂不简单而直接？"

达不到普高分数线，那就选择职业学校

中考成绩达不到普通高中分数线，那么只有三种选择：一是报读职业学校；二是复读，明年再考。复读好不好，每个学生情况不同，很难有统一的结论，但复读后的中考成绩还不如前一年中考成绩的现象很普遍；三是读高中国际课程，三年后出国读大学。但风险很大，因为没有国内高中毕业文凭，等于切断了在国内高考的后路。

我推荐的第一个选择，很多家长和学生有顾虑。难道初中毕业选择职业学校就那么可怕吗？回答这个问题，也许我很有发言权。我在中等教育领域教书很多年，从上海市重点高中转任到国家级重点职校，算是阅学生无数。我给学生的建议是："你的考分不很高，自己又喜欢某一项技能，动手能力较强，选择报考职业学校，应该是一个明智的选择。不用过多考虑将来的所谓前途，将来会有各种可能，不一定是你现在认为的那样。"

推荐学生选择职业学校，很多家长和学生会感到很失落，但你可能还不知道，现在很多学生上了普通高中分数线，也在选择职业学校。国家的宏观规划，普通高中和职业学校学生录取的比例是5∶5。有那么多学生在读职业学校，有什么好可怕的？你可能不相信，可以问问家里的长辈，他们那个时代，考中专的分数线要高于重点高中。

我鼓励你报考职业学校当然有充分的理由：

首先，选择职业学校，前途非常光明。

职业学校学生毕业以后，参加高考的渠道早已畅通，在上海几乎近三分之二的学生毕业后继续升学。职业学校的学生还另有一条独有的读大学的途径，你可以报考职业学校中那些中高贯通和中本贯通的专业，一旦录取，五年可达大专毕业，七年可达本科毕业，比你高中毕业再去考大学容易。如果你职业学校三年毕业后，准备就业，那更有优势。现在职业学校开设的专业大都是国家紧缺岗位，你有这方面的一技之长，毕业之后，找一个好工作，基本没问题。

其次，学会一门专业技能终身受用。

职业学校与普通高中相比，在课程和教学的安排上，除了一样必须学习文化知识之外，最大的区别在于职业学校有专业，譬如，烹饪、会计、汽修、外贸、旅游、数控、数媒等。你真正掌握了其中的一门技术，就成为今后一生的"谋生手段"。俗话说，家有万贯，不如薄技在身。而你现在掌握的可不是薄技。如果干得漂亮，又是国家紧缺的现代化技能，还怕什么找不到工作，还怕什么薪酬不如他人。

最后，根据个人的兴趣和特长，职业学校可以给你提供更多的发展机会。

全市职业学校的各种专业有几百个，总有一个专业是你适合和喜欢的，你可以尽情选择。而普通高中，基本上是统一的课程和培养方向，几乎没有什么选择，即使有一些特色发展的专门活动，仍以业余为主，因为他们的重要目标是高考。

我认识一名学生，当年中考分数线刚达到普高录取线，但她选择了职业学校的美容专业。当时家长和亲戚集体反对，反对一个女孩子去学"剃头"。三年职业学校毕业后，她到了一家高档的美容厅从事美容工作，每天看到顾客在自己的精心梳妆之后满意而去，她感受到了自己工作的价值。不多久，她晋升为高级美容师，成为公司的顶梁柱。之后她参加全国技能大赛，屡获大奖。有一次还赴法国巴黎参赛，获得很高的荣誉。她跟我说话时神采飞扬，她说："我的名气足以给公司带来火爆的生意。常常受到顾客众星捧月般的追捧，不少著名人士点名让我去美容，我很有成就感。我的年薪肯定远超校长。有时去化一次婚妆，还是友情出场，你猜猜，一个晚上他们给我多少酬金？"

又有一次，我遇见我原来很熟悉的职业学校的毕业生，他现在从事普洱茶的营销，是一家很具规模的茶室的总经理，从饮茶、卖茶、培训茶文化一条龙服务，生意做得十分兴旺。与我谈及茶文化，天南地北，知识广博，俨然是个专家学者，说得我这个校长都想拜他为师。

也许有人会说："你讲了那么多职业学校毕业生的'光明前

途'，只不过找了一个成功的工作岗位，与名牌大学毕业、海外留学、做大事业的成功人士相比，差距何止十万八千里？"我会反问你："你所指的成功者，即使在最顶尖的精英中，能有几人？更何况你的中考成绩不很高，何必与他们去攀比？"

当然，选择职业学校的专业也有两条原则，选择正确有助于你将来的发展。

一是要选择自己喜欢的专业。因为这个专业至少要伴随你三年，也可能是五年、七年，最长的可能是一辈子，选专业实际上是选工作。如果你喜欢，那么很幸运，因为从事自己喜欢的工作，是最幸福的人。如果不喜欢，会学得很痛苦，毕业以后很可能"跳槽"，一切又从零开始，专业等于白读。

二是要选择"朝阳产业"。朝阳产业代表社会经济的发展方向，这种专业毕业以后，工作比较容易找。当然，有些传统专业，存有许多社会必须的工作岗位，也有发展前途，因选择的人少，物以稀为贵，也很抢手。譬如酒店服务专业，据我所知，不少高档酒店早已求贤若渴。同样，有些尽管是"朝阳产业"，且名声很好听，但工作岗位早已人满为患，现在是热门，几年以后，会面临僧多粥少的困难，所以要谨慎选择。

升学考试失败，复读不是好办法

有学生通过网络平台问我："我是一名高三的学生，今年要参加高考。但老师预测我的高考成绩最多只够达到本市专科或外地一般本科的分数线，这些我都不想去。如果今年高考成绩真是这样的话，我想复读一年，明年再考，这个办法可以吗？"

我能怎么回答呢？很难。因为我对这位同学的信息了解太少，乱出主意岂不误人子弟？所以，这个话题我只能对大家说。

中考或高考不理想，要不要复读一年，明年再考，是部分考生的选项之一。且有的家长或学生并没有经过理性思考，或者好面子，想打翻身仗。以我的经验来看，复读这个选项是不能轻易选择的。如果你属于以下三种情景，才可以考虑复读：

一是这次升学考试确确实实没有考出自己的真实水平，而且差距还比较大。到了毕业班，家长对孩子、老师对学生都会有一个大致的分数预估，但由于种种原因，或复习不对路子，或考场发生了意外，或身体不适等，考试成绩大家都认为不应该是这个水平。

二是你已落实到了比较好的复读条件。一般情况正规学校是不能招收复读生的，你可能要到其他学校或培训机构去复读。不能一面已决定复读，一面又找不到学校，或者去一个并不理想的培训机构，那就显得很草率。

三是是学生自己决定要复读，而不是家长替他决定的。这个非常重要。孩子要复读，说明他已接受了失败的教训，做好了重新努力的思想准备。如果是父母决定的，只是父母的一厢情愿，学生复读可能就是被动的。

但总体而言，复读的风险很大，并不是应对升学考的好办法，很多家长和学生都是第一次接触这个问题，往往很盲目。一年之后，会有很多人后悔，因为复读后的升学成绩还不如当年的考试成绩，这种现象很多。

怎么会这样呢？以我的观察，有四个原因导致复读的失败：

其一，复读条件远不如原来学校。正规学校，到了毕业班，学校会全力以赴，配备好的教师，严格管理学生，班主任会盯得很紧。复读学校一般条件较差，对学生管理比较松散，师资力量也没他们自己宣传的那么强大。也就是说，你的学习条件也许反而变差了，面对的是新学校、新老师、新同学，环境也不熟悉，如果自己不能"卧薪尝胆"的话，那么复读效果就非常令人担忧。

其二，新出台的升学考试信息你可能接触不到，这就是我们俗话说的考试行情。正规学校有教研活动和指导，考试的新动向都会通过这个渠道传递给老师和学生，能及时调整复习方向。复读机构不一定有这个条件，你的"埋头苦干"也许就是一个失误。

其三，各种分数线每年发生变化，增加了不确定因素。投档线、录取线每年都会发生变化，有时变化还很大。即使你复读后考分提高了一些，但录取线水涨船高，你的分数可能仍然够不上，使你白忙一场。曾有位学生跟我讲："我去年的考试总分是 319，离录取线差 4 分，我今年考了 438，但万万没想到，录取线竟是 440 分。我赤脚狂奔也追不上啊!"

其四，"留级"的感觉使学生自尊心很受伤。复读其实就是留级。原来的同学都毕业了，离开了学校，只有自己还在原地踏步，与低一年级的学生为伍。别人已开始新的学校生活，自己还在为升学考试煎熬，很容易滋生低人一等的感觉，伤害了自尊，也伤害了学习的热情。

因此，不到万不得已，别轻言复读。不管你升学考成绩如何，总有一款适合你读的大学。如果你真想改变命运，将来有的是机会。中考不理想，高考再争回来。高考不理想，以后还可以考研究生。我见过不少学生，高考后他进了一所普通高校，研究生考试后他进了一流大学，这才是谁笑到最后谁笑得最好。

抓住主动学习的黄金时刻，受益匪浅

但凡学生，学习都会有惰性，每时每刻都自觉学习的学生并不多。尤其是心智不够成熟的低年级学生，上课疲疲沓沓、作业拖拖拉拉很常见。有些学生学习成绩很好，学习很认真，主要还是依靠老师和家长的监督。

有家长跟我说："我儿子平时学习随随便便，浪费不少时间。只有到了考试前才加班加点，临时抱佛脚。这种精神要是放在平时学习上，学习成绩肯定会更好，考前也不用那么争分夺秒，但他偏不！"

这种现象非常好理解，其差别就在于压力不一样。平时学习，离考试尚远，学生不大会去担心"将来"，对"将来"焦虑的是家长。到了考试前夕，压力才增大，产生了应急效应，学习就变得非常主动。

所以，一般认为考前是学生学习的主动时段，但据我观察，考后，学生学习的主动性比考前更强烈。考试结束有时就是一颗炸弹，使人振奋，是形成主动学习的黄金时刻。千万不要以为，考试已结束，木已成舟，学生会坦然处之。

考试一结束，学生最关心什么？当然是学习成绩。哪些题目答对了，哪些题目做错了，自己在考试中得了几分，迫切希望能当场反馈。学生会紧跟在拿着一大沓考卷的老师后面问这问那，同学之间忙着互对答案，唏嘘感慨者有之，捶胸顿足者也有之。这种考试后的情形，也许老师、学生都非常熟悉。

只有此时，你才能见到学生对学习的那种十分珍贵的主动性，不用什么号召，他们都会像潮水般涌向课本，聚焦试卷，为什么呢？学生迫切地想要证实自己的考试结果。如果题目答对了，就会纵情欢呼，如果题目答错了，就会失魂落魄，如果题目会做而做错了，那更是追悔莫及。考试关乎毕业，关乎升学，关乎荣辱得失，谁会掉以轻心。

那么，作为学生，要利用这么一点点黄金时刻，让学习主动性趁势而上，产生最佳的学习效果，达到老师平时常说的"考后一百分"的目标。千万不要说，测验太累了，考试太紧张了，歇一歇吧，劳逸结合——当然应该休息，应该娱乐，但更应趁热打铁，时不我待，过了这个黄金时刻，学习的主动性也许又销声匿迹了，非常可惜。

这个黄金时刻一晃而过，但至少可以做三件事，学生会非常受益。

一是找出做错的试题，分析错在哪里。试题做错了，此刻一定很后悔，甚至情绪还有点小激动。此刻正是提升其分析能力和记忆能力的最佳时刻。学生会很自觉地去了解错在哪里，并快速纠正自己的错题。此时，就如久旱渴望甘霖，学习的主动性特别强烈，如果获得及时的辅导，学习效果也非平时可比。

二是反复训练做错的试题，做到熟练为止。发现了错题，也知道了错在哪里，接下来就应该找同类的试题反复去做，一直做到熟练为止，做到不会再错为止。就如生病，有时需要集中大剂量的药物对症医治，如果拖成慢性病，就久病不治了。刚考完试，问题也呈现出来了，正是集中歼灭错误的大好时机，一鼓作气，就能达到彻底根治错误的功效。如果放到日后再去慢慢订正，学生学习的主动性和实效性都会大打折扣。

三是整理做对的试题，总结成功的方法。试题答对了，很有成就感，也成了最美好的回忆。但要铭记在心，也需要用心去感受，不要以为会做了，就如放进了保险箱，保证以后一定会做得很好。要抓住这个黄金时刻，主动去找规律，举一反三，找找窍门，确保以后更好地运用，好东西决不能用过就扔了。

只有认真做完这三件事，学生才算抓住了主动学习的黄金时刻，对于提升学习效果有着非凡的意义，对这个机遇抓住或抓不住，也许就是下一场考试优劣的分野。

孩子不愿做作业，
最有效的方法就是"别做了"

如果你的孩子不听话，回家不肯做作业，你要么大声斥责，要么好言相劝，"做作业了，做作业了"，反反复复，但一切都没有用。怎么办？

我教你一个方法，提醒无效，你可以严肃地告诉孩子："你实在不愿做作业，那就不要做了，你爱怎么玩就怎么玩。"然后，毅然离开孩子，做自己的事，不需要絮叨，也不需要责骂。

你看一看，接下去会发生什么。也许他尽管极不情愿，但打开书包了，也可能他还要倔强地嘟囔几句，但撑不了多久就服软了。当然也可能我行我素，但不太可能无动于衷，也许心里正七上八下打着小鼓呢。你不用担心孩子真会去玩个痛快。

这一句话真的很厉害，其威力绝对远超"做作业了，做作业了"的苦口婆心，你相信吗？

现在不少学生很逆反，他的行为与你的指令是反着来的。你让他朝东，他偏要朝西，你让他朝西，他偏要朝东，似乎这样很有快感。那么，干脆来一个负负得正，让他"不想做作业就别做了"，他反而不玩了，他想去做作业了。

另外一个就是归属感的问题。奥地利著名心理学家阿德勒说过："人最大的需求就是归属感的需要。"每个人都需要在偌大的世界中寻找自己的心理寄托，否则就没有安全感。中小学生更为需要，归属感主要落脚在两个地方，一个是家庭，一个是学校（班级）。

在家里，孩子是父母的宝贝，是家庭中的一员，受父母的百般庇护，习以为常，有着非常牢固的归属感。"作业不做就别做了"，一句反常的话，会让孩子不自在起来，父母真心不管他了？归属感产生危机，也产生巨大的震慑作用，一般的孩子就会服从你的指令。

在学校也一样。老师见到有学生上课不认真、破坏纪律、影响他人听课，会把学生请出教室。照理不用上课了，教室外有太多的自由和快乐，学生求之不得，但我们何曾见到被请出教室的学生会欢天喜地？大都像离散的孤雁，非常不安和异样，直到老师把他请回课堂，才有归队的感觉。这种方法就是"课不想上就别上了"，与"作业不想做就别做了"是一样的。

这种方法在学校里运用得很普遍，学生参加兴趣小组活动，三天打鱼两天晒网，老师会说："你真不想参加，干脆别来了。"学生参加班级打扫卫生，埋怨声不断，老师会说："你实在不愿意就别参加了。"学生不按时完成作业，老师会说："你实在不想做就别做了。"老师的真意不是让学生去放弃，而是一种另类的激将法，让学生端正参与态度。

家长与其天天盯在孩子屁股后面催促"做作业了，做作业了"，也没什么效果，还不如用用我的这个方法，远比责骂或苦劝的效果要好。但在使用时，请注意两点：

一是要假戏真做。父母要表现出真的气愤，真的不管他了。不能一边说"你爱怎么玩就怎么玩"，一边死死地盯住课本不放，没有一点动真格的，那么孩子会认为你只是说说而已。

二是气氛要真实。在一段时间里，要保持紧张的状态，孩子仍没改变，也不要放弃。千万不能马上就温馨如常，晚上好吃好喝伺候，孩子没有一点点归属感危机，你的努力怎么会有效果呢？孩子机灵着呢，看似无意，他的心里正偷偷地观察你的一举一动。

课文背不出，也许是不懂方法

看电视选秀节目，有年少的表演者，看一眼身后展示板上近百个数字，然后面对观众，背诵如流，竟一字不差。学生羡慕之极。莫非他有什么神器？如果自己也握有这种神器，老师布置再多的背诵内容，也能应对自若。学生羡慕他人过目不忘的本领，却不知人家付出了多少艰辛和努力，台上一分钟，台下十年功。我看到过他们训练的资料，很敬佩。

对于一般的学生而言，你不具备过目不忘的本领，但至少要能完成学习中的各类背诵任务。背诵对每个人来讲都不轻松，但背诵成功后很开心。从心理学上分析，背诵的动力主要来自间接兴趣，是背诵出来后的愉悦，促使你去"吃苦耐劳"。但背诵本身确实很枯燥，所以懂一点背诵技巧很重要。

好的记忆方法有很多，大家并不陌生。形象记忆法、列表记忆法、链式记忆法、口诀记忆法、谐音记忆法、联想记忆法等，听听这些名称，也许你就能受到启发，但真要深入其中，恐怕还要做专门的训练，而且难有立竿见影的效果。

其实，我们不需要这么复杂，在平时的学习中，只要有意识地掌握一些记忆规律，就会有意想不到的效果。现举例如下：

一是停顿比连续好。平时阅读，我们都习惯于一口气读完，面对一段文字内容，总想了解到底讲了些什么，很少去想，我们要记住些什么。譬如，读诗词，你有没有意识到有些名句要记住？看几何课本，你是否尝试记住那些要点？不要冷落记忆，一边读一边就应该要求自己记住。不要只讲阅读速度，遇到关键处，要停顿下来，闭起眼睛，铭记于心，养成随学随记的习惯。就像我们平时所说，一路旅行，不要行色匆匆，要停驻下来慢慢欣赏风景。

二是有声比无声好。我们背诵课文，大多数学生习惯于默诵，安安静静似乎思想更易于集中。但是，默记只是通过眼睛摄入信息，你回忆时的表象也只是文字。如果开放我们的五官，让听、看、说等协同作战，肯定会提高背诵效果。我们可以一边读一边记，大声朗读会强化我们的记忆功能。在旧式的私塾教学中，背诵就是通过大声朗读来实现的。现在，有的学生喜欢通过听录音来提升记忆效果，有的学生通过看原版英文故事片加强背诵，都是通过"有声"的方式来强化记忆。

三是书写比朗读好。朗读比默诵好，书写比朗读还要好。我们不是常说，"写一遍胜过读十遍"。用手抄写或默写，不仅要记忆"声"，还要记忆"形"（文字），双重强化，记忆效果自然会更好。而且，默写还有一个作用，考卷中经常有考背诵的内容，如果只会背却写不出或写不全，有时会因为默错一字而痛失试题分数，所以，对考试而言也是默写比背诵更重要。

四是分散比集中好。背诵课文，学生喜欢歼灭战，集中时间背诵，有时效果并不好，也许过不了几天就全忘了。艾宾浩斯记忆遗忘曲线告诉我们，记忆规律是先快后慢，识记内容两天内遗忘率高达72％，所以及时复习，不间断重复，才能有好的记忆效果。我们背课文不要寄希望于突击强记，而要今天记一遍，明天记一遍，后天记一遍，把识记的时间分散，记忆才会长久。

五是有意比无意好。记忆分为有意识记和无意识记两大类。有人提倡无意识记，希望在潜移默化中完成记忆。譬如，我们天天经过一条马路，没有要求记忆商店，但你全记住了。这当然很好，但不是什么都可以无意识记的，学生还是需要大量的、经常的有意识记，因为有意识记可以在短时间内强化记忆。所以面对背诵内容，要有明确的要求和心理暗示：我一定要记住它！

六是被动比主动好。背诵很艰辛。学生喜欢写作、几何等各类学习活动，但大多数学生都不喜欢背诵，所以也不要过分相信学生背诵的自觉性。作为老师，要认真检查学生背诵作业的完成情况，也应该在考试中安排背诵的内容。有的语文考试，让学生分析课文中的古诗，且考卷上不附古诗原文，实际上是考学生古诗是否背得出。作为学生，要争取他人对自己的监督，请家长检查，请同学检查，自己给自己加压，增加主动性。

我列举了六条技巧，有些是学生告诉我的。每一个都可以试试，你会发现，背诵原来并不那么可怕。

高度警惕，不要跌入优秀成绩的陷阱

我曾不止一次地说："进入高三，任何校内测验、考试都不需要安排监考老师了。"

为什么不需要监考老师呢？道理极其简单。此时的所谓考试，性质如同平时测验，在规定的时间内独立完成试题的情况怎么样，只是考查学生掌握知识的"现状"，不是评判学习成绩的优劣，作弊没有任何意义，最后成绩的优劣由高考来确认。学生只要仔细想想，很容易明白这个道理。

学生校内成绩对升学来说，基本不起作用，所有的成绩只是给自己和老师参考，到了升学考试前，校内测验、考试根本就不需要自欺欺人了。即使是现在最热门的民办学校面试，也只相信他们自己的测试结果，基本不看你所读学校的平时成绩。有些家长煞费苦心地制作精良的简历，千方百计突显校内学习成绩，对择校来说，作用几乎是零。

学生明白了这个道理，也就不会在高三复习迎考阶段测试时弄虚作假，学习和考试反而会很坦然。

我有个同事，自己是学校老师，孩子也在自己的学校读书。那年孩子参加高考，考试成绩竟然惨不忍睹，与平时在学校的优秀成绩完全相反。他几乎要崩溃，怎么也不相信这个事实，怎么也想不通，关键一考反而兵败如山倒。当时考试状况很正常，并没有发生什么意外，我同事逢人就说："没想到，真没想到，考试心理素质怎么这么差！"还是孩子班主任说了实话："什么考试心理素质差，是平时太优惠他孩子了。他是我们学校的老师，大家都很给他面子。每次考试前，老师们都会主动给他孩子辅导，不就是放题目嘛，阅卷时也手下留情，不就是放水嘛。校内考试成绩水分太多，高考把水拧干了，所以这才是他的真实水平。"

所以，平时校内的虚假成绩，除了能满足一点自己的虚荣心之外，潜伏着更大的陷阱：

一是误导老师对教学效果的判断，老师以为你学会了，而且很优秀，其实你没学会，或者并不优秀，由于误导，老师没有及时纠正和辅导，如同病人去医院看病，却隐瞒自己的病情，医生怎么来为你对症诊治呢？

二是学科知识是一个结构完整的体系，如果被虚假优秀掩盖了，会导致整个学科成绩下降却还不知是何原因。在学习中，有时后面的内容没学好，往往是前面的知识没弄懂，也就耽误了整门学科的学习。

三是正规的升学考试非常严格，一般没有作假的可能，你的考试成绩极有可能与平时成绩形成巨大的反差，跌落得连老师、家长也不敢相信，但决定命运的是升学考试，校内的平时成绩基本帮不上什么忙。面对升学考试结果，你可能从此一蹶不振。

所以，有种观点认为，对于学生的考试成绩，虚假的正确比真实的错误危害更大。我们学生和家长一定要防止优秀成绩的陷阱。这些陷阱常常表现在四个方面：

一是测验、考试作弊。这在学校里不是什么新鲜事，尤其是平时测验，作弊比较容易。尽管有严厉的考试规则，但一些学生还是会以身试"法"，他们对优秀成绩太渴望了，或者老师、家长压力太大，学生躲过一时是一时。其实，你正在做学习生涯中最傻的事，你能躲过升学考试吗？

二是抄袭练习册后的答案。很多练习册、习题集后都附有正确答案，如果事先不撕去，学生做不出的时候，很自然地会去瞄一眼。有的更干脆，直接将后面的答案抄到习题上，思考都省略了，失去了做习题的意义。

三是向老师、同学"请教"。遇到试题做不出，问老师、问同学，很正常。但不少学生不问过程，只问答案，过程太复杂，答案很简单，知道了答案，直接抄上去，其实自己根本没理解，但老师很可能批你正确。

四是家长代劳。这在低年级学生家长陪读中很常见，一道题目，孩子还没反应过来，家长已急不可待，大声吼叫，替孩子答题，孩子胆战心惊地写上去。成绩做得再优秀，也只是家长的"水平"，而不是学生的真实成绩。

当下，引无数家长、学生竞折腰的考试成绩，说到底，是为了升学，其他功能是学校关注的事。但如果我告诉你，为了满足虚假的荣耀，跌入优秀成绩的陷阱，失去了对自己学习成绩的真实判断，是对升学最大的危害，你还需要去掩盖自己成绩的真相吗？高三校内考试还需要监考吗？

纠正的方法非常简单，就是让自己在规定的时间、规定的地点独立完成作业或考试。不论成绩如何，都是自己学习水平的真实反映。

不要让"歇一会儿"变成逃避学习的借口

做作业时间长了，学生有些乏力了，休息一下，劳逸结合，合情又合理。

但有的学生坐不住，做作业没几分钟，就想上厕所，回来看两眼作业，又去喝口茶。再回来做作业，屁股还没坐热，又要去洗个手。来来回回忙个不停。家长陪读，没少见这种情形吧。等你批评他不抓紧时间，孩子又会很委屈地说："歇一会儿也不行啊。"

这才是真话。上厕所、喝茶、洗手，其实他根本没有这些需求，只是他一个逃避做作业的借口。

有位家长与我聊天时说："我儿子怎么最近胃口大增，一个晚上吃一斤饼干，功课吗只做了一点。没写几笔就要吃饼干，时间全浪费在吃饼干上了。"

我一针见血地说："他平时很爱吃饼干吗？肯定没有。他平时吃饭有这么爽吗？肯定没有。哪是什么胃口大增，这是拖延作业的另一种方式。"

家长很同意我的分析，马上说："我也怀疑他是否在逃避作业。你这么一说，就对了。我说：'你做完作业再吃饼干不行吗?'他回答我：'歇一会儿也不行啊。'"

学生做作业确实很辛苦，做了一段时间，休息一会儿，有利于恢复精力，不仅合理，而且非常科学。我们反对的是"歇"得没完没了，找一个借口浪费时间，这就是典型的学习拖延症。如果变成一种习惯，那就会极大地影响学习效果。

那么这种另类的学习拖延症，会对学习造成怎样的不良后果呢?

其一，会强化学生拖延的心理。无理由拖延，或用玩乐来拖延，学生自己也心虚，家长反对的情绪也很激烈。但现在找到了一个"合理"的借口，劳逸结合，"歇一会儿也不行啊"。这个借口是正常的生理需求，解决内急、口渴、肚子饿，家长有什么理由阻止呢? 家长确实好像没理由。

有个读小学一年级的小朋友，做作业，常常在十分钟内要上三次厕所。他妈妈告诉我："这样下去要得尿急症了。我阻止他，他竟哇哇大哭起来，说大小便你也不允许啊，哪有这么对待儿子的，那我就尿在裤子里好了。"

其二，会中断作业的思路。做作业时"歇一会儿"太频繁，甚至"歇一会儿"变成"歇一大段"，作业思路就会不停地中断，中断以后再接着写，会留有痕迹，而且很浪费时间。上课开小差也是思路时断时续，我怀疑源头就在做作业的频繁"歇一会儿"。

我是语文老师，批阅学生作文，能常常看到学生写作文中断的痕迹。优秀的作文如行云流水，非常流畅。而有的作文写得坑坑巴巴，疙疙瘩瘩，甚至字迹也是前后不一，我似乎看到了学生接二连三地中断写作。作文的气韵都没了。

其三，严重降低了答题的速度。我在很多场合一再强调答题要有速度。这是提高考试成绩的基础保证。你答题能力再高，没有速度，考试成绩也不会好。考试答题是有严格时间限制的，你平时做作业总要借故"歇一会儿"，时间长了可能就会变成一种习惯，做会儿题，就要歇一会儿，持久性很差。平时做作业不讲速度，上了考场可没有"歇一会儿"的机会，如果不能适应，那么考试一定会考砸。

我做过多年中高考考场的监考和主考，发现考试结束收卷是一件很残忍的事，监考老师不得已而为之。学生到了考场上，做题速度上不去，也许会后悔平时做作业时为什么要不停地"歇一会儿"。

家长一定要从现在起马上纠正孩子这种另类的学习拖延症，看似只是学习中的小瑕疵，但一不留心，就会变成学习过程中的毒瘤。

一是家长可以直接拆穿。孩子要上厕所、喝水、洗手，种种需要不是真需要，是一种拖延现象，家长完全可以果断阻止。不用担心没有理由。现在的学生鬼机灵，我们做老师和家长的要能洞察一切。

二是家长可以规定做作业时长。孩子作业做了一定的时间，如约给他们休息，休息时间可以长一些。让孩子有一个盼望，有一个目标，他做作业也许更积极。

鼓励学生"好为人师"，
会有意想不到的学习效果

面对老师课堂提问，有一个很奇特的现象，学生回答问题的积极性，往往伴随着年级的升高，逐步在降低。小学的小朋友，老师提问，举手抢答争先恐后。初中学生，老师提问，站起来回答已羞羞答答。到了高中，老师提问，举手回答的已很罕见，点到了名，回答也是一脸无奈。越长大，学生越不愿意再抛头露面，课堂发言越不积极。

怎么会这样呢？孩子非常率真，年纪越小，自我表现的欲望就越强，有时老师提问轮不到自己回答，还满脸的不高兴。长大以后，"不好意思"的顾虑渐渐降低了表现欲，在课堂上再也见不到回答问题时那种自告奋勇的气概。有人说，这大概是学生成熟后顾虑增多的缘故。

很可惜，学生的这种表现欲如能一直保持下去，进而发展为"好为人师"，让学生的学习由被动变为主动，那是非常有助于提高学习效果的。如果发现学生有很强的自我表现欲，有好为人师的欲望，不妨多给学生当小老师的机会，很可能有意想不到的效果。

一是因为要给别人讲课，自己的学习必须超前一步。也就是我们常说的，给人一杯水，自己需有一桶水。譬如，讲一道数学题，自己不仅要会做，还要做得好，而且还能讲得清来龙去脉，不仅知其然，还要知其所以然。学生为了这个知其所以然，必须花费更多的精力，了解更多的相关知识。

二是将学习的内容给别人讲一遍等于自己也复习了一遍，而且会印象深刻。因为在"讲课"的过程中，大脑的思维活动特别活跃，调动了回忆、概念、推理、归纳等手段，才能把一件事或一道题讲清楚，这比你看一遍或听一遍都要记得牢。1978年我参加高考前，已在一所中学当代课老师，给学生上地理课，完全是陌生的，只能将课本知识"批发"给学生。但在高考时，地理这门课程基本没怎么复习，却是我高考五门成绩中最高的。

三是给别人讲课也要具备讲课能力，这对学生提高思维能力、表达能力也很有帮助。看看一个老师的成长就清楚了。当老师，一般来说语言表达能力都比较强，因为有更多的语言表达的机会，天天在课堂上讲课，不会讲也会讲了。曾有一位大学毕业生，刚进学校当老师，第一次上课，紧张得手足无措，头脑一片空白，竟然哭着冲出教室，逃到办公室不肯出来，成为当时学校的一则新闻。几年以后，这位老师讲课水平突飞猛进，课讲得越来越好，参加区里的教学比赛，还获了奖。

现在的老师和家长有个很不好的习惯，不看好学生的表现欲，不尊重学生的表达。学生好为人师，被讥为好出风头，学生讲错了，被骂成脑子进水，学生还未讲完，常被粗暴制止："好了，好了，怎么讲个没完没了！"

这大概就是学生年级越高，表现欲越退缩的原因之一吧。粗暴的制止很伤学生的自尊，学生到了高年级，自尊心更强，怕当众出丑，当然也就不愿意在课堂回答问题了。

我当老师时一直很欣赏学生的好为人师，很希望学生充分地表现自我。只要我们有这个意识，学生就会有很多这样的机会。

首先，在课堂上，教师要精心设计课堂提问。为了让学生能有机会在班级中多发言，有时老师可以故意出点小错，让学生来纠正，让学生来教其他同学。我上语文课，讲文言文，从来不是一讲到底，而是让学生做小老师，学生按学号轮流完成，朗读一段，翻译一遍，解释字词，三个环节学生自己教自己，我只做纠错，袖手旁观。

我去听课，看到有的老师上课没有课堂提问，总是自问自答，学生根本没有回答问题和发言的机会。有的老师提出问题，心中早有标准答案，凡学生与自己不一致，一律"坐下，坐下"，学生的表现欲被扼杀得干干净净。

其次，家长陪读时，可以让孩子当老师。我所见到的家长陪读，往往比老师更霸道，孩子只有听的份，根本没有讲的机会。学生做题反应慢一点，家长即刻吼出答案，试题做错了，马上是一顿劈头盖脸的训斥，孩子成了学习的奴隶。

如果哪一天，当孩子拿出作业时，你诚恳地对他说："这些题我也真不会做，你给我说说好吧?"你可以看看孩子的态度，听听他会说点啥。

最后，课余时让学生给学生讲课，比老师讲课效果还要好。可以组织学生成立课外学习小组，在老师布置的作业中选择一部分，轮流让学生担任主讲，类似老师讲课，讲完了，再让学生独立完成其他作业。每天这样做，不仅锻炼了主讲者，每个学生都可以发挥自己的才能，取长补短，这样完成的作业往往正确又高效，而且学生记得住，比一个人苦思冥想做作业要好得多。我做班主任时，做过这类尝试，确实是一个非常好的学习方法。

学生减负竟然还得靠我们自己

中小学生减负讲了几十年，这次是来真的了。

教育部等九部委联合通知，制定了"减负三十条"，对学校、培训机构、家庭、政府四个主体提出了具体而明确的规范要求。梳理一下，厉害的干货很多：严控作业量、严控考试次数、限制竞赛评优活动、严禁培训机构超标培训、深化考试招生政策等，态度坚决，措施具体。

如果再简单一点理解，就是以招生考试改革为抓手，减少作业数量、考试次数，降低考试难度和升学压力。

我是教师，有时看到学生如此负重读书，甚至超出极限，常常心有不忍。一些老师和家长为什么就熟视无睹，甚至变本加厉呢？学生成绩不好，遭到体罚，作业做到深更半夜，试题难倒博士爸妈，孩子几乎失去了所有的童真。

其实，也不是熟视无睹，大家都想减负，但为什么就减不下来呢？学校老师讲，招考制度不改我们怎么减？家长讲，减了学校老师的"负"，增了我们家长的"负"。学生讲，减负减负，我们怎么感觉越减越增负？现在又讲，减负不等于没有"负"，要减去的是过重的"负"，要减负增效。这是实话，面对学习，哪个时代，哪个国家，学生会没有"负"？

其一，升学考试不止，增负不止。

学业负担主要来自考试，来自升学。"考分、考分学生的命根。"如果升学不用考试，学生肩上自然就没有重负。现在政府已规定，幼升小、小升初，民办学校也要用摇号的方式录取，果真如此，真正取消了升学考试，能否减负，有待观察。但中考、高考不用考试吗？

其二，学业竞争不止，增负不止。

即使没有升学考试，还有学校的考试和测验。有时这种竞争不亚于升学考试。学生争胜好强，家长要面子，学习成绩处处攀比，想胜人一筹，负担就加重了。这种竞争产生的负担会自然消失吗？

其三，教师争胜不止，增负不止。

考试，老师有时比学生还要紧张。教师的责任，教师的职级，甚至教师的待遇，都与教学效果相联系，而教师教学效果的认定，最硬的指标还是学生的考试成绩。为了绩效，老师进行题海大战，抢占课时，甚至责罚学生，学生常常被压得喘不过气来。但学校真能对教师不做绩效评价吗？

其四，培训机构助推不止，增负不止。

培训机构原与减负毫不相干，只是遵循市场需求乘势而为，去与不去纯属个人意愿。培训机构为了追求利润，吸引学生，就像开了商店需要顾客盈门，运用营销策略，迎合家长、学生需求，渲染气氛、推波助澜，许多家长趋之若鹜。结果苦了学生，学习从此不分课内课外。但培训机构能一律关闭吗？减负不是一个文件就能搞定的，况且国家要减的是过重的"负"。我的看法是，过重的"负"很多都是我们家长自己增加的，所以最有效的方法是先减无用的"负"，自己给自己减负。《国际歌》唱了上百年，"从来就没有什么救世主，也不靠神仙皇帝"。

首先，拼命刷题是最笨的办法。有些学生一本一本练习册疯狂刷，似乎刷得越多，学习越有成效。你想过没有，会做的习题反复做，有时是无效劳动，不会做的习题硬着头皮做，往往是在浪费精力。刷题就如医生开药方，讲究的是针对性，否则投入与产出不成正比。正确的刷题呈阶梯状推进，由易及难，有老师的精心指导，才能事半功倍。

那种不问青红皂白的刷题，在学生学习中浪费的精力和时间不少，如果能纠正过来，等于自己给自己减负。

其次，大量恶补是很傻的攻略。一些家长哪家学科培训机构有特色就奔赴哪家，但这种所谓特色，很多是营销策略。有些学生一门学科会去两家培训机构补习。有些学生全线开战，每门学科都去补习。正确的方法是精选自己最薄弱的学科，数学？英语？语文？从头去补习，不仅容易提高考试总分，也能快速提升学生自己的信心。

那种像没头的苍蝇的恶补导致学生学习成绩全面崩溃的例子还真不少。如果你能做到精准补习，就等于自己给自己在减负。

最后，盲目攀比是最坏的心态。家长和学生学习焦虑，盲目攀比是重要的成因。比学习成绩，比学习进度，比学校品牌，比升学优势，常常感觉有被他人超越的压力，自己不堪重负，心力交瘁，其实学习成绩的优劣是多种因素造成的。

有学校违反规定给学生课后补习，遭到了家长的举报。原因不是什么揭发违规，更不是什么为了减负。他自己竟说："你们下课后再补课，我儿子不愿意。其他同学进步了，我儿子就落后了，我儿子就吃亏了，大家都不补，心里才踏实。"

这位家长首先要减自己心理的"负"。他应该知道，学习成绩的提高不是通过压低别人来实现的，调整好心态，管好孩子，才更有利于催发孩子学习的自觉性。有句"家长名言"——"孩子的学习顺其自然吧"，就等于给自己松绑，等于自己给自己减负。

学生减负靠我们自己，你不妨试试，有时可能比"三十条"还有效，家长和孩子都会感到轻松许多。

有兴趣，有特长，就有学习好心态

我跟学生说，做学生，有一种兴趣，就有一种特长；有一种特长，就有一个舞台；有一个舞台，就有一种自尊；有一种自尊，就有一份自信。

这句话的逻辑是这么来的。学生对某一项事情感兴趣，必定会多关注、多参与，形成了某方面特长。有了特长，往往就有展示的机会，这就是舞台。上舞台展示，与其他人竞技也就有了心理优势。哪怕其他方面你不如他人，也会很有信心，保持着胜人一筹的良好心态。

譬如，学生对数学很有兴趣，那么学习数学一定会比较自觉和刻苦。也许就成了班级中的数学尖子。作为数学尖子，就有机会代表班级或学校去参赛，如果获奖，就会增加自信心。如果这位学生其他学科都很差，考试总分并不高，甚至中考或高考也有危机，但由于有数学特长托底，心态就不会差，就仍是一个学习有信心的学生。

鲁迅先生笔下的阿Q，有一种精神胜利法，阿Q受到别人轻视时，就自我安慰"我以前比你阔多了"，这是穷开心。而这个学生如果面对语文、外语不及格，能想着"我数学比你们都棒"，这可是实实在在的自信。

更不用说将来，你的特长真的能成就你的梦想，那可真要谢谢当年的那份兴趣、那份特长呢。

我曾有机会参加一个初一年级的班会课。以"我的理想"为主题，在老师的引导下，同学们踊跃发言。

一位少先队大队长说："我要成为我爸爸一样的科学家，以后从事基因工程研究。"老师表扬他虎父无犬子。我想，太假。什么是基因工程？什么是生物技术？他也不一定搞清楚，怎么就成了"我的理想"？

一位少先队中队长说："我妈妈是音乐学院副院长，我长大了要成为一名歌唱家。"老师肯定她，多么美好的追求。我想，也太假。她都不一定知道自己有无兴趣和天赋，更多的恐怕是炫耀。

一位普通的学生说："我喜欢电子游戏，还参加过电竞比赛，希望能拿个名次。"同学笑声一片。我心想，这是真的，因为电子游戏是他的兴趣所在，一定会有他的舞台。有舞台的学生足以傲视空名的"科学家"和"歌唱家"。

在一个班级里，总有一批学生没有全面发展，也没有"一官半职"，普通得有时老师都叫不出名字。但如果有了一技之长，成为特长生，足以改变自己的学习心态。

我当年在重点中学当老师时，有一位高一的女学生，在父亲的影响下，发明了"汉字全息码"软件，轰动全校。当时《文汇报》《人民日报》《光明日报》等竞相报道了这位才 15 岁小姑娘的研究成果，西方媒体也详尽介绍，加拿大西蒙·弗雷泽大学还邀请她担任客座教授。她研究的动力就是对检索方法产生了兴趣，后来发展为自己的特长。如果我没记错的话，这位学生当时的学习成绩很一般。

重要的是先要发现学生的兴趣所在。这个发现的人可以是老师，也可以是父母，但最直接的应该是学生自己，世界上只有自己最了解自己。

讲到自己的兴趣，学生一定会兴致勃勃。但由于没有经过认真思考，大多数还是纸上谈兵，这种情况学生可以这样做：

第一步，在平静的心态下，去想自己究竟最喜欢什么，最讨厌什么，先把讨厌的事情排除。接着，罗列自己最喜欢的事情，不带任何偏见，不受任何影响，完全发自内心。这是一次自己与自己的对话，不需要有顾虑，什么都可以去想。譬如打篮球、游泳、电子游戏、绘画、读书、跳舞、数学、语文、唱歌、物理、看电影、下棋、玩手机、旅游、聊天，甚至与人争辩、当班干部、考个好学校等，可以按兴趣程度排个序。

第二步，按实现的可能性进行选择。自己有兴趣的事情中，很可能有的是有害的，有的是做不到的，有的是得不到支持的，有的是不符合年龄特点的。如我对马术有兴趣，但没有条件去培训；我对网上聊天有兴趣，但会影响学习，等等。曾有个学生对买彩票有兴趣，把自己的零花钱全输掉，家长和老师联手反对。他怎么可能梦想成真呢?

　　第三步,培养兴趣特长,给自己一个好心情。选定一个可以培养自己一技之长的项目,既有兴趣,又有可能实现,而且还要有益于自己的发展。那么不要犹豫,放手去追求。真的成名成家的毕竟占少数,但追求的过程一定是个愉快的过程,因为你有兴趣。

将挫折看成机遇，能缓解学习焦虑

有的学生在生活或学习上遇到了挫折，情绪会非常低落。如果挫折接连而至，那他更会认为倒霉透顶，似乎人生走进了死胡同，十分焦虑。这种挫折其实很正常，只是学生太年轻，未经风雨，一遇挫折就认为天要塌下来了。

对学生这种焦虑，家长往往不甚关心。家长会为孩子的学习成绩焦虑，却很少为孩子的焦虑而焦虑。我有时想，学生需要适度焦虑，这有利于学习，但过度焦虑会导致心理问题。孩子的学习固然重要，但家长千万不要忽视学生的过度焦虑问题。

我曾与一位高二的男生有过一次谈话。他是班级体育委员，人高马大，而且还有很强的组织能力，班级中的一些体育赛事都是他冲锋陷阵。这次与数学老师在课堂上发生了激烈的争执，而且毫不讲理，我必须对他进行教育。

我还未开口，他就充满敌意："你不用告诉我什么对错，全是我的错，我不该与老师争吵，但现在已经争吵了，你要处分我，随你们的便。"

我一看气氛不对，就想尽量平息他的怒气："你还没告诉我为什么争吵，怎么就是你的错，也许你没错呢？"

他根本没理会我的善意，口气中仍然很不耐烦："与老师争吵怎么会是正确呢？我早知道，近来我运气不好，什么倒霉的事都找上了我。"

我很快意识到他的心情不佳，此时此刻绝对不是讨论他与数学老师谁对谁错的时候，故意引开话题："谁没有倒霉的时候，只要过去了，就都好了。"

我的话似乎刺破了他的沮丧之气，一肚子的话一泻千里："我真是倒霉啊！我爸妈最近离婚了，但我还未到18岁，法律上要有一个归属，但他们都不要我，我怎么这么遭人嫌弃。这个不说了，我自己的事也是一地鸡毛。你知道，我是学校篮球队的，昨天莫名其妙给淘汰了，本想高考有个加分，现在全落空了。我自费报名参加英语培训，谁知道又上当受骗，培训学校卷款跑路了，考雅思的机会都没有了。就这次高三文理分班考试，物理彻底考砸，你们又让我分流去文科班。我就不懂了，怎么就祸不单行啊！"

我理解了，这是典型的迁怒症，把自身的诸多不快全撒到了数学老师头上，发生了争执。再分析他与老师谁对谁错根本没有意义，重要的是不能就此让一位本是朝气蓬勃的阳光男孩跌入抑郁的心境。

于是，我说："古人讲天将降大任于斯人，必先苦其心志。你碰到了那么多倒霉事，也算是一种挫折，虽然接二连三，但说不定正是命运安排你'苦其心志'，阳光总在风雨后。"

虽然这种励志的话没少给学生讲，属于老生常谈，但我至今都清楚记得，当时他听了，身上的戾气一下消失了，竟像女孩一般哭泣起来，他多日积累的疲惫一下子彻底放松。

其实，我并不是故意想给他励志，我只是见到过太多的高中学生，会像成人一样抑郁、焦虑，面对太多的挫折，感到很困惑，他们需要一些令人信服的解释。要让他们知道，即使在最倒霉的时候，也有希望等待着他们，而希望的实现，正是来自今天的挫折。司马迁处宫刑愤作《史记》，《史记》被誉为"史家之绝唱，无韵之《离骚》"。贝多芬失去听力，却开启了世界交响乐的浪漫主义时代，创作了《英雄交响曲》。

多年之后，我看到贾平凹一篇自述文章，这位曾五次获国家文学奖的著名作家讲了自己的成长过程。当时他还在农村务农，父亲有历史问题，母亲害病，自己又很文弱。他去报名参军，体检了半天却没有被批准。第二年招收地质工人，村支部书记又把他的名字划掉了。再隔了一年，企业又到村里来招养路工人，他去报名，人家根本就不要他。民办小学招代课老师，他又去报名，这次他以为有希望，还特地把自己的一支钢笔修好，信心满满，结果又让邻村的一个人顶替了。

遭遇挫折的强度和频次，我的学生与贾平凹相差许多，但贾平凹成了一代名作家。有人给他总结："这一切都在为你当作家写农村生活创造条件呀。如赶羊，所有的岔路都被堵了，就让羊顺着一条道往垴上去。"

如果我早一点看到贾平凹的故事，当时讲给学生听，也许更有说服力，更励志。

其实，诸多挫折不仅仅是成功之母，它在左阻右挡你发展之时，或许正是无意之中在对你的人生做安排。我的这个学生后来考进了财经大学，非常好。如果当时顺风顺水，拿到了体育加分，未必就能考进这么好的大学。贾平凹当年如果心想事成，也许成为一名复员军人，也许成为一名养路工人，也许做了小学老师，但这些路都被堵住，才让他走上作家的华山一条路。

作为已具有一定思考和分析能力的高中生，如果能明白上述道理，当你面对接二连三的挫折时，是否会更理性一点呢？家长作为经过风雨的成年人，多给孩子讲讲这些，是否会减轻他们的焦虑呢？

学业生涯，初三是个看点

我听小学老师经常讲，小学三年级是学生的一道坎。从心理发展上讲，三年级的学生由儿童期步入少年期。从学习上讲，由愉快学习转入竞争学习。课业负担会明显加重，能否通过这一道坎，成为学生学习成绩优劣的第一道分水岭。

我常常给家长讲，学生到了高二会发生突变，此时是心智的成熟期，是学习的分化期。高二的学生一方面适应了高中的学习生活，另一方面紧张的高三还未到来，有足够的机会催熟自己的心智。心智成熟是影响学生成绩的极其重要的因素之一。尤其是男生，心智成熟大都要到高中，有的男生似乎一下子豁然开朗了，学习态度和学习成绩会发生巨大的变化。当然，也有学生到了高二依然故我，那么学习成绩再发生变化的可能性就比较小了。所以，高二学生的学习是学习生涯第二道坎的分水岭。

我一直以为，小学三年级，高中二年级，是学生学习生涯中的两道坎。但在一次老朋友的聚会上，遇见了一位化学老师，她年纪已超七十，还坚持在一所上海著名的民办初中教学。她有一个观点："学生学习成绩真正的分水岭在初三。"她语重心长地说："家长真不要着急。孩子不爱读书，成绩不好，到了初三就会好了。我看到过太多太多这样的学生。"

她的话虽与我过去的认识不尽相同，但完全有理由让我信服。她原是育才中学高中67届学生，文革期间上山下乡。1978年恢复高考，录取于师范大学化学系。1982年毕业后，在一所重点中学教初中化学，从此未离开过教学第一线。退休之后，民办初中继续聘她教化学。加上当过两年代课老师，她在教学一线足足40个春秋。40年教龄的老师阅学生无数，根据她40年的观察，得出"学生到了初三就会好了"的结论，是积淀了40年的教学经历，具有坚实的可信度。

我与她饶有兴趣地讨论这个话题："学生学习，初三怎么会成为一道坎？"

从心理发展来看，初三学生已脱下了红领巾，具有明显的成人感。自尊心增强，心理趋于定型。此时又是心智成熟的开始，对学习的目的、要求以及将来的发展逐渐有了自己的思考。

从课堂学习来看，面临人生的第一次升学考，也是学业生涯第一次考验，更是学业发展的第一次跨越。随着中考一天天临近，面对激烈的竞争，学生会懂得什么叫压力，什么叫"将来"。所以，初三的学生感觉到了学习的危机感，逐步意识到学习的重要性。自尊心的增强使他们逐渐从平庸中惊醒，中考的压力又催熟他们的心智，何去何从，初三的学生站在了人生的十字路口，很多学生会由此而顿悟。

我认识一位幼儿园园长，也算教育工作者，但管不了自己的儿子。平时常跟我念叨她儿子不爱读书，羡慕人家养女儿，很懂事，责怪自己的儿子永远长不大，她几乎失去了管好儿子的信心。等到她儿子读初三，有一次她碰到我，神秘又带着惊喜地对我说："我儿子醒过来了，总算醒过来了。"我乍一听吓了一跳，还以为她儿子生病昏迷了，其实她是在说她儿子进入初三以后，学习成绩和学习态度都发生了根本性变化，仿佛从沉睡中觉醒。

作为家长，你可以从三个方面观察自己的孩子，到了初三有没有这些变化，初三是一个重要的看点。

一是开始关注自己的升学问题。平时家长讲孩子的"将来"，他都漠不关心。但到了初三，开始有意或无意关注这类话题。或假装不在意，但实际在用心听，或好像很随意，但实际上在参与讨论。有的学生甚至直接拿主意，不再听从家长的意见。此时，家长不要"独裁"，让孩子多参与，这是很好的正面发展。如果在此时对中考还是不闻不问，那倒要引起家长的警惕。

二是很少抱怨老师和老师布置的作业。有时老师与学生是对欢喜冤家。学生表面上与老师亲亲热热，背过身去心怀不满。到了初中，这种反感少了，主要精力放在作业上，抱怨得不多。如果到了初三，学生仍然愤恨作业、责怪老师，那就要引起家长的重视了。

三是学习成绩稳定提升。这是一个很显性的指标，学习态度积极、学习方法科学，学习成绩就提高，反之就下降。我们不能只观察考试的自然分，要看他在班级中的排名。不要只看一门学科的成绩，要看各科成绩，看总分。

　　家长要拿起这把尺子，看一看孩子到了初三，究竟有没有产生初三效应，这对孩子将来的发展，至关重要。

竞技，让学习充满激情

你如果问学生，你喜欢学习吗？保证所有的学生都会回答你，热爱学习，喜欢学习，学生从幼儿园开始就是被这样教育的。但如果让他们说出真心话，譬如用问卷回答，且不署名，"喜欢学习"的回答肯定会大打折扣。其实不用问卷回答，老师和家长都明白，学生学习大都是被动的。

学生的学习自觉性不够，那么如何让他们在学习中更加努力呢？现在依靠的主要方式就是逼迫。对学生来说逼迫是必须的，玉不琢不成器，很多孩子都是被逼迫学习的。然而，除了逼迫之外，我们还能找到更好的方法吗？

有的，那就是在学习中可以开启竞技模式。

我们小时候玩的游戏都十分简单，没有现在的娱乐场所和网络游戏。我曾记得有一种游戏叫"拍二十四点"，我们玩得很多。只要有一副扑克牌，两个人就可以玩起来。规则很简单，随机抽四张牌摊桌上，用加、减、乘、除的方法得出24，谁先算出拍一下桌子就算赢了，如果拍了桌子却算错了，则是输了。

现在想想，这类游戏不就是做数学题吗？对强化计算能力、反应能力都是很好的锻炼。最值得深思的是，这也是做习题，为什么就会如此吸引我们？小脑袋飞速思考，用加、减、乘、除各种排列组合，力争得出 24 的结论先拍桌子，手举得高高，又不敢贸然拍下，却又恐对手抢先。那种紧张、激动、全神贯注，是平时少有的体验。吸引我们的到底是什么呢？答案只有一个：竞争。

如果我们把这种竞争效应充分运用起来，在学习中开启竞技模式，那么能否改变学生学习的被动局面，化腐朽为神奇呢？就如一碗面条，淡而无味，加一点作料，加一点味精，就会使面条改变口感，让你增进食欲。

争强好胜是人的天性，竞技能给参与者和旁观者都带来无穷的魅力。譬如，体育竞技比赛，都是那么扣人心弦。不要说足球、篮球这类大赛，就是学校组织的一场学生之间的拔河比赛，学生的助威声、鼓动声也会震耳欲聋。还有很多学生的兴趣活动，只要一加进竞技元素，马上就众人关注，你争我夺。学校组织文艺汇演或者辩论大赛，即使对此不感兴趣的学生也会很有热情。为什么？争胜好强使然啊。最典型的例子就是电子游戏，有时一个人玩，自己与自己竞争，为了取胜，常常可以玩得废寝忘食。可见竞技对人的吸引力之强大——我常常想，我们的学生学习如果也能像玩游戏一样迷恋，一样上瘾，该有多少学霸诞生，而且都是自觉并快乐着的学霸。

其实，这种在学习中引进竞技模式的做法，老师们早已轻车熟路，可以说属于传统的教学方法。譬如说，幼儿园老师上课常会给小朋友提一个问题，然后说："我看看哪一位小朋友回答得又快又准确？"回答的第一名，也许会奖励一朵小红花，这种抢答方式就是竞技模式。我常去听课，老师们很喜欢用一种比较流行的教学模式，叫小组讨论。指定一个学习任务，让学生按小组展开讨论，最后看哪一组完成得最好，赢者会得到热烈的掌声。

有人担心，竞技失败，不会使人沮丧吗？其实不会。竞技的快乐是建立在争强好胜的心理基础之上的，一个学生只要注重自我，一定会对竞争有热情，这是一种精神需求。尤其是竞技过程，本身就充满魅力，这种魅力有时无关结果，所以竞技者往往是"输了想翻本，赢了还要来"。我们平时打牌、下棋、网络游戏，赢了又如何，输了又如何，却能让人如此全力以赴，不就是竞技的魅力吗？

我曾问过一位钓鱼爱好者："你钓了那么多鱼，吃得了吗？"他笑我是外行，他说："爱好钓鱼的人，根本不在乎吃鱼，在乎的是钓鱼，乐趣全在钓鱼的过程中。虽然我们冒着寒风酷热，等待一两个小时，等的是胜利，等的是希望。等到鱼咬钩了，你沉甸甸拉出水面的是一条大鱼，这一瞬间，那激动无以言表，你不钓鱼，根本无法体会这种快乐。"所以垂钓者，即使一条鱼也没钓到，仍会对钓鱼乐此不疲。

在平时学习中，我们可以自己给自己设计一些竞技，既有竞技的乐趣，又无考试的肃杀，还可以让我们自觉并快乐地学习。譬如时间的竞技，每天背 10 个英语单词，看看哪一天时间最短；质量竞技，每天做 10 道题目，看看哪一天做的准确率最高；耐力竞技，静心做作业，今天可能坚持两个小时，明天争取坚持两小时 10 分钟，等等。如果胜利了，别忘了给自己一个奖励。

　　有很多竞技的方式，只要你愿意，学习活动可以成为一个竞技场。

　　我曾在自己的教学中尝试过。高中学生不是不愿在课堂上回答问题吗？那好，我就来点"物质"刺激。我作了个规定，凡在课堂提问抢答中获胜者，可以评定一个分数，纳入学期成绩总评中。尽管这个分数在总评中的权重可能只占千分之几，但学生课堂答题的积极性明显提高，分数，分数，学生的命根！比"大勋章"更有吸引力。

　　考试，说到底也是一种竞技，比谁的成绩好。但学生为什么感受不到"过程"的乐趣和"结果"的幸福呢？我反复想过，考试与一般的竞技在两个方面存在较大差别：一是难易程度不一样。考试内容太劳心劳力；二是压力不一样。考试关系到学生的命运、前途，与获取小红花、小铅笔不可同日而语。第一个差别是无法解决的，第二是差别可以动脑筋，做点心理调节，自我减压，也许竞技的乐趣就会悄然而至。有很多竞技的方式，只要你愿意，学习活动可以成为一种竞技。

　　讲了以上这些，我重点要讲的不仅是学习中开启竞技模式的意义，更是告诉学生，学习中处处有技巧，只要你肯动脑筋，你会学习，最枯燥的学习内容也可以变得像玩游戏一样有趣。

仪式感，调节学习心态的助力器

有学生抱怨，考试前都会广播一遍"考场规则"，弄得紧张兮兮，是不是有点影响考试情绪。

很多学校都有规定，重要的考试前要广播"考场规则"。中高考更是作为一项规范的程序，第一场考试前都会宣读一遍"考场须知"。考试应该注意点什么，哪些事不能做，违反了要承担什么后果，等等。似乎是一种事先告之，具有法定的意义。

当然，广播"考场规则"本意不是渲染紧张气氛，而是考试的一项规范程序。我们经历多了，产生了一种考试的仪式感，这也完全有可能。这等于告诉学生，你进入了一个非常严肃的考场，你将进行一场正式的考试。这种郑重的仪式感，学生很容易有严肃、敬畏的体验，从而认真完成考试。考试不是兴趣活动，如果我们进入的是一个喜笑颜开的宽松考场，那就不是考场了，而是游乐场。所以，学生考前听了"考场规则"有些"紧张兮兮"，这就对了。

但凡仪式，都会给人一种郑重、敬畏的体验，这对学生的学习有重要意义。所以学校里的仪式特别多，因为学习活动中，有相当多的时候需要郑重、敬畏，学生才能谨慎、认真。

譬如说，我们上课了，老师站上讲台，课前都要学生全体起立，师生互相问好。下课又要全体起立，师生互相告别。我做学生时，也曾光荣地获得过叫"起立"的机会，那一声"起立"叫得响亮而又骄傲。那么这种坚持了几十年的上课仪式是否只是培养学生的礼貌行为呢？我以为，是，也不完全是。更多的可能就是让学生体验一种上课的仪式感，告诉学生：请注意，现在开始，把精力集中到课堂上。要让学生敬畏课堂。曾有位老师上课，学生的课堂纪律极差，课上到一半，他百般无奈之际，让班长再叫一声"全体起立"，学生丈二摸不着头脑，万般不解地站了起来，但课堂上的嘈杂声瞬间停顿下来，注意力全集中到老师身上。

曾有一次我上课，站到讲台上，按惯例说了一声"上课"，台下却没反应。我提高了嗓门再说"上课"，仍然没有听到熟悉的"起立"声。我环视了一遍课堂，此时学生大概已意识到我宣布上课了，有学生开始陆陆续续站起来，有的还在找课本，有的还在塞书包，稀稀拉拉一片，还夹杂着询问的议论，完全没有上课的气氛。原来叫"起立"的学生今天病假。上课就少了一声嘹亮的"起立"，与平时相比，那种正式、严肃的感觉少了许多，这堂课我也上得无精打采。

再有学生非常熟悉的升旗仪式，简单而隆重，这是学生每天必须进行的一项爱国主义教育。除此之外，也是通过这个仪式，让学生体验学校的庄重、学习的神圣，提醒学生新的一天学习生活开始了。稍微晚到的学生，气喘吁吁赶到学校，首先看升旗仪式是否开始，如果没有，还好，赶紧冲到教室放书包。如果开始了，心头顿时凉了半截，迟到了。虽然学校并不一定以升旗仪式作为是否迟到的标准，但在学生心中，升旗仪式就是学校新的一天的开始。

各种仪式在学校里还有很多。入团仪式、毕业典礼、结业式等，都是培养学生积极心态的重要方式。学校生活需要活泼，更需要紧张，需要严肃。如果活泼过了头，学生不敬畏学校，不敬畏老师，上学随随便便，无精打采，怎么也不会是个好学生。

在学校生活中，学生体验仪式感最深的莫过于军训。去的时候开开心心，胜似去旅游。大包小包，打打闹闹。到了军营，什么都讲仪式，吃饭有仪式，出操有仪式，唱歌有仪式，睡觉也有仪式，整齐划一的仪式把学生管理得服服帖帖。军训结束回学校，一路歌声嘹亮，精神状态犹如打靶归来。军训不仅仅是国防教育，也是对学生的纪律和仪式的训练。我发现，学校中参加过军训的班级与没参加过军训的班级相比，上课纪律和学习态度是有明显差异的。

如果我们认为，仪式和仪式感有益于学生的学习，那么就应该多设计、多提倡。

我曾经有一位学生，考试成绩几乎每次年级第一，我让她给大家介绍学习方法。没想到她介绍的方法似乎与学习毫无关系，我至今记忆犹新。她说："我每到考试前的晚上，一定进行一次认认真真的沐浴，把烦恼彻底洗刷干净，这几乎是我自己的考试典礼，让我的考试状态特别好。"

其实，所有的同学都可以自创仪式，只要你相信仪式的威力。

譬如，选一个最适合自己的座右铭放在课桌一角，每天上课前默念一遍，预示着一天学习的开始。也可以回家做作业前，先回忆一遍今天老师布置的所有作业，作为做作业的仪式，预示着接下来就是雷打不动的做作业时间，谁也不要来干扰我。也可以每次考试前请爸爸妈妈给自己提点希望，也送点祝福，预示着考试必胜的信心，等等。不必去研究这些方法是否属于学习仪式，重要的是通过一些方法增强自己的仪式感，增加气氛，调整心态，这才是最重要的。

如果听到宣读"考场规则"就抱怨的学生是不敏感的学生，没能从如此郑重的氛围中体验到考试的激情，反而弄得自己很烦躁，对仪式感是否太麻木了？

"望梅止渴"能提振学习斗志

一次一位家长打电话给我，那时我担任初三的班主任。她吞吞吐吐地问我："老师，我儿子今年中考第一志愿填上海中学，你不会笑话我们吧?"我忙说："很好啊，为什么要笑话?"她千叮咛万嘱咐，千万别对别人讲，怕人家有看法。上海中学，在学生心目中是高中学校的大品牌，谁都没有把握一定能跨进这扇大门，但有憧憬一定比没信心要好。像这位家长这样战战兢兢，恐怕反而会给中考减分。

中国有句成语叫"望梅止渴"，说的是三国时期，曹操带兵打仗，行军途中士兵们口渴难耐，曹操便说："前面就是一大片梅林，梅子又酸又甜。"士兵们顿时精神百倍，奋力前行。其实前方根本没有什么梅林。这个成语现在一般比喻愿望无法实现，用空想安慰自己。

尽管是空想，但具有强烈的安慰作用，不也很好?万一实现了呢，岂不更好?我时常想，如果学生学习进入一个瓶颈期，学得很辛苦，却没有什么新的突破，信心随之下降。此时，老师或家长用"望梅止渴"的方法，让学生相信前面有一片希望等待着他们，是否也能提振学习斗志呢？

很可惜的是，见到学生学习进步不大，学习信心不足，家长大多采用的是唠叨的方法。唠叨很容易引起学生的反感，有时唠叨中还夹杂着威胁。譬如常说："你再这样下去，什么学校都考不进，将来就只能失业在家！"再譬如："你不认真学习，将来只能去扫大街！"把学生的将来描绘得毫无希望，等于在学生干渴的路途中，告诉他前面是一片大沙漠。可以设想，学生听了会是一种什么感受。不要期望中小学生会为一个"可怕"的将来而奋发图强，要强的学生并不多。我们如果说前面有一大片梅林等着你，或者说再努力一把，上海中学的大门就会为你敞开，那么可以设想，学生会是一种什么心态。

给学生描绘未来，千万不可往坏处讲，而要往好处讲，哪怕是空想，只要能激发学生的学习热情，空想又如何，将来的事谁说得清。即使空想有时也可能就是善意的谎言。

还真有对将来充满空想的学生，自得其乐至少使他的学习生活积极向上。我认识一位初三的学生，他喜欢打篮球，学习成绩一般，在班级排名中靠后。但他很自不量力，与别人谈论中考志愿，全是有名的高中学校，一点也不羞涩，似乎重点高中都在"抢"他这个人才。连他妈妈背着他也对我说："儿子尽是白日做梦。"我也曾问过他："你怎么会觉得中考一定能考上重点高中？"他反问我："为什么考不进呢？"

其实，我们都在极力回避他考试成绩欠佳的现实，大家都不忍毁灭他这个美丽的空想。结果呢？重点高中他肯定没考上，但是，中考成绩却达到了他学习水平的极值，考进了一所很不错的高中。此后，大家再也不认为他是异想天开了。

我们能否得出这样一个观点：学生自己也好，老师或家长也好，给学习结果多做一些美丽的描绘，即使是空想，也有百利而无一害。望梅止渴，即使前面没有梅林，但却真真实实地止住了当时的"渴"，并能提升继续"行军"的信心。

我们知道，兴趣，从心理学的角度分析，主要分为直接兴趣和间接兴趣。你吃了一顿美味可口的午餐，过程很享受，当然产生兴趣，这是直接兴趣。你生病服药，药很苦，过程并不舒服，但良药苦口利于病，对过程之后的结果产生兴趣，这是间接兴趣。一般来说，学生对学习产生兴趣，直接兴趣不多，大都依靠间接兴趣，那么，在你学习进退维谷之时，产生一些空想，不就等于强化了间接兴趣吗？

我当班主任的时候，给学生描绘"未来"时非常夸张。记得有位高二的男生，学习能力和学习成绩都一般，普普通通，学习还有些懒懒散散。在一次班级活动中，他自告奋勇表演口技，那水平实在不敢恭维，但我当时却看到了契机，对他说，你模仿能力很强，可以去考虑发展发展。他听了认真起来，问我，模仿能力强，以后去学表演，但我肯定没这天赋。我凭借对高校招生的了解，装作很有把握地对他说，你可以去考小语种。每年都有高校来特招，常常以模仿能力为主要录取条件。小语种毕业的学生，一般都会安排在外交部工作，派往国外领使馆的机会很多，因为小语种人才十分紧缺。他听了我一番描绘，精神大振。努力一年后，真被一所外国语大学录取，学的专业是阿拉伯语。

当然，更多的"望梅止渴"也许就是一个美丽的空想，但能让学生去解"渴"，去憧憬，学习心态就会很好。学生如果作文写得好，就可以给他描绘当一名作家的蓝图。学生如果英语学得好，可以描绘出国深造的大好前程。学生如果数理化好，那么可以用科学家为他描绘将来。有些家长带孩子去北京旅游专门将北大、清华作为景点，不就是在最直观地给孩子描绘未来吗？

尤其在学生的学习进入低潮之时，更要多描绘一些将来的美景，其意义更胜于"望梅止渴"。但要注意两点：

一是前景尽可能符合实情，不要离题太远。这个道理很简单，你如果去描绘一个与学生个性特长、兴趣爱好都不沾边的光明前景，怎么能让学生憧憬和产生兴趣呢？牛头不对马嘴。只有干渴时，望梅才能止渴，你却给他"画饼充饥"，怎么会有效果呢？

二是前景尽可能具体实在，不要天花乱坠。我给学生描绘学习小语种成为外交官的美景，实实在在，看得见，摸得着。而现在有的家长，给孩子讲前途发展，大都喜欢讲一些大道理，学生很反感。与其这样，还不如干脆许诺考试获前三名，奖励出国旅游一次。这个再具体不过的"前景"，也许激励的效果会更好。

天天望子成龙，家长的目标在哪里

家长坦言，有时在家陪读比在单位上班还要辛苦。但再怎么辛苦也要面对孩子的培养，总怀着一份希望，即使希望变成绝望，也要坚持着，谁让这孩子是我的！

其实孩子不是你私有的。他是一个独立体，"生命的延续"只是美丽的幻想，他就是另外一个人，与父母只有血缘关系而已。所以许多国家的孩子十八岁以后大都离家独立生活，父母基本没有再"照顾"的义务和责任。只有中国的父母，是最顾家的家长。天天精心呵护自己的子女，呵护到心力交瘁，呵护到犯抑郁症，燃尽自己，照亮孩子。这一切为了什么呀？望子成龙！

那么，自家的孩子怎样才能成龙成凤？家长的目标究竟是什么？估计很多家长并没有很好地想明白，或者有一点想法，但也不清晰，大多数家长只看见眼前的"小欢喜"。如期终考试成绩是否名列前茅，课外学科竞赛有没有获大奖，年终有没有获评优秀学生，进小学、初中是否名校，中考是否被重点高中录取，高考分数是否达到分数线等，在家长的心目中都是孩子追求的重要目标。

但这些"小欢喜"还真算不上什么成龙成凤，即使都实现了也并不意味着孩子将来一定会大展宏图。我看到过很多学生的发展轨迹，许多人学习成绩与事业发展并没有正相关。将来人生要经历各种风风雨雨，一次考试的成绩在整个人生长河中又算得了什么？哪怕是一场重要的考试。

有一次，我去一所高校联系工作，正在与学校领导交谈，接待室内突然闯进一帮人，有位中年妇女由其他人搀扶着，双眼哭得红肿，一进来就一屁股坐在地上，呼天抢地哭起来："我儿子怎么就跳楼了？我不相信啊，我死也不相信啊。他读的是省重点高中，成绩一直是班级前三名，还拿过市里数学竞赛第一名……"

不要说什么省重点高中，更不要说什么第一名，一跳楼什么都化为灰烬。

为了"孩子是我的"的理念，为了学习成绩的一点点"小欢喜"，家长天天沉浸在不安和焦虑中。为了培养孩子，家长竟然不知道自己究竟要什么？是不是很悲哀啊。

不少专家认为，学生培养的重点不是学习成绩而是综合素养，是学习方法，是学习习惯，是卓越的思维能力，是大情怀。这些我都很赞同。但我认为，作为家长，孩子与你有血缘关系，中国人的理念是"百善孝为先"。把孩子培养成自己的孩子，不要成为别人家的孩子，是家长的重中之重。

如果让我来说家长的"望子成龙"，可以概括为一句话，"学习为自己，回报给父母"。培养出这样的孩子，才有滋有味。

　　与其家长"望子成龙"，还不如学生望自己成龙，学习是自己的事，学习是自己的第一需要，这才是真龙真凤。家长在这方面要花大力气去培养，重点放在让孩子自己去面对，让孩子大胆去尝试，不要处处替代，什么都为他安排好，不要让孩子认为学习是为了父母。

　　我看到一位母亲，责怪孩子没良心，只知道让父母付出，从不知道回报。初一的孩子直率地说："我怎么没回报啦，你看看，今天我完成了那么多作业。"

　　母亲竟然很高兴地说："这个对，这个对，只要你用功学习，就是对我最大的回报。"难道学习成绩就是家长所要得到的一切？父母太无私了。

　　比学习成绩更重要的是孩子的一颗"孝心"，以我的阅历可以肯定地说，有孝心的学生，学习成绩不会差，品德操行也不会差，很多都是学习成绩优秀的好学生。

　　"孝心"的培养，不能只停留在"孩子是我的"的感觉上。要从现在开始着力让他们养成习惯。譬如说，你生病时孩子会很担心，你辛苦孩子会知道一起分担，你批评孩子他会默默接受，你受了委屈他知道关心你，等等。这份"孝心"陪你到老，你培养孩子才算成功。如果你培养的孩子成绩很好，但却不是你的"孩子"，是别人家的孩子，甚至送到国外留学断绝了与你的联系，成了外国人的孩子，你现在的千辛万苦还有什么意义呢？

　　我有一位朋友，是政府公务员。儿子小时候他是百般呵护，我们还给了他模范爸爸的戏称。他拼命存钱，心里怀着一个美好的愿望，培养儿子出国留学，目标是美国。但儿子学习成绩一直不很理想。

儿子读高二时他碰到我，很无奈地说："什么去留学，我这个儿子谁要送给谁！"

我说："别这样啊，现在留学与学习成绩关系不大。出国留学的成功率很高。要不要我介绍一个留学中介？"

他有点哭笑不得，说："我不是我儿子的爸爸，是他的车夫。我天天开车送他去上学，只有这时我们才在一个车篷。平时与我一句话也没有，从不正眼看我，我就是他的敌人，我养了一个冤家。要留学就让他去，是送给外国人吧。但究竟是否出国留学，他也懒得与我交流呀。"

原来如此。

处罚，是另一种教育

不要一说到对学生处罚，大家会联想到拳打脚踢，打耳光，或古代戒尺打手心。从现在来说，这些都属于体罚，国家是明令禁止的。但是非体罚的处罚还是必须要有，国家已在出台规范文件。老师如果没有这些处罚权，对学生的教育和管理反而无力。面对有些无法无天的学生，老师除了苦口婆心，还是苦口婆心。

学生犯了大事，不是老师处罚就能解决的，则必须给予行政处罚。譬如警告、记过、留校察看，等等。如果达到一定的法定年龄，可能还会面临刑事处罚。

老师的处罚，针对的是学生一般的错误，上课不遵守纪律、作业不完成、测验作弊等，采取的措施也是临时性的，没有"文件"规定，如罚站思过、罚抄作业、课后留校，等等。

所有的处罚都是学校教育的一部分，从广义上讲还有很多。学生书写不认真，重新写一遍。考试不及格要补考。上课不认真听讲，下课后要补课。作业不完成，要反馈给家长。成绩不好，要联系家长。这些处罚，家长不但没意见，还会非常配合老师。大家都知道，玉不琢不成器。

我在学校里属于老教师，大家都认为我面慈心软不会处罚学生。有人不好意思地对我说："你一定对学生宽大为怀，不会处罚学生的。"我感觉很奇怪，我说："我为什么要宽大犯错的学生？这等于是落井下石。"我处罚学生，还别有"特色"。学生上课讲废话，且屡教不改。我让他站到讲台上，面对全体学生，由他监督课堂纪律，凡又发现其他学生讲废话，由他指认，然后代替他的位子，继续行使监督的职责，一直到再找到讲废话的学生为止。这种处罚既受累，又不伤自尊，我知道学生会恨我，但学生上课讲废话的弊病给我治理好了，良药虽然苦口却利于病，恨我又何妨？

我在写其他书中举过一个例子。有位学生，因犯错受到老师处罚，一直与老师有诸多不快。毕业多年以后，有一次与老师相遇，老师热情地伸出双手，他却视而不见、形同陌路，使得老师十分尴尬。

这是恩将仇报，难道任你犯错一味纵容才是你要的吗？至少长大成人了应该懂得老师的用心良苦。与那毕业后回来看我、笑谈当年犯错受我严厉处罚的学生相比，他们在观念和肚量上有很大差距。

首先，处罚是为了让孩子长记性，不犯同样的错误。

这个道理很简单，就如同用手去摸滚烫的烙铁，立刻感受到刺痛，第二次你还会去摸吗？让过错与惩罚联系起来，形成条件反射，学生会记得很牢，不会再犯第二次错误。

最近，媒体讨论学生被罚抄作业的案例，研究出罚抄作业的积极意义是增强记忆和提高书写水平。而我认为这只是一种副产品，其最重要的功效还在于让学生接受教训，产生处罚之痛，不会再不完成作业或做错题目。

其次，处罚是为了制止学生犯错，防止更严重的错误蔓延。

尤其是年幼的学生，往往意识不到犯错的严重性，老师需要给他讲道理，道理讲不通，运用一些处罚，是为了"治病救人"。譬如说谎，学生旷课，谎称生病。家长怕学校处罚，为其圆谎，帮着签字证明，学生往往就会明知过错而不以为然。长大之后，就可能去撒弥天大谎，闯出大祸来。

再次，处罚能够让学生走向成熟，提升综合素养。

学生一生的成长不就是从一次次的失败走向成功的过程吗？那么，在学校有时受到处罚，也可看作是失败的教训。处罚能让学生反省，会反省的学生一定是成熟的学生。考试不及格也是一种处罚，是对学生没能掌握知识和技能的处罚。我常看到有些学生，为了考试不及格辗转反侧，反思自己的学习方法、学习态度，记忆力、专注力、迁移力都有较快的提升。

最后，处罚还能够教育其他的学生，改变校风校貌。

对于这一点，一些家长和学生会很反感，这不就是杀鸡给猴看吗？但任何处罚的标准应该是统一的，这才是公平教育，有时处罚的确是无奈之举。老师的本意肯定不是让学生难堪，处罚学生，老师为了什么呢？因为给犯错以处罚，教育了大家，改变了校风校貌，真正获利的是所有学生。

给学生处罚是手段，不是目的。老师为何要伤害自己的学生？当然，处罚一定要掌握好尺度，严禁体罚。尤其学生有两类犯错，不应该也不需要处罚，我在学校管理中一再强调。

一是不是故意的犯错。我们要处罚明知故犯，但有的过错不是故意为之，是不小心导致，那就完全不必处罚。譬如，不小心丢了书包，一失手折断了钢笔，打打闹闹撕破了校服，这种错连批评都不需要。再譬如，试题做错了，大声责骂，不许睡觉，不让吃饭，这是学生故意要做错吗？

二是不是错误的错误。学生犯了错，但有客观原因，如果给了处罚，他感到很委屈，徒增逆反。这类情况我见过很多，有学生上课吃饼干，其实是他有胃病。有学生上课睡觉，其实是他父母每天安排他去课外补习，过于疲惫所致。有学生打抱不平，与人打架，其实他是见义勇为。学校经常会处罚上课迟到的学生，很多时候是路上堵车了。

手机对学生学习的影响

老师在课堂上收了学生一部手机，引发了一场风波，家校矛盾顿时紧张起来。

那时，对学生手机的管理还未像现在这样重视，老师一般不允许学生在课堂上使用手机，有的学生就是管不住自己，老师发现当然要收缴，到了放学前，一般就会还给学生。

这天，学生在上课时玩手机被老师发现，老师让他拿出来，学生不肯，发生了矛盾。这是一只刚上市的新款手机，学生拿到手机才两天就要交出去，心疼啊。但手机还是被老师收缴了，他一天上课都没心思，就盼望着放学前能拿回手机。放学铃声一响，他急切冲向老师办公室，但却发现老师不在，他气急败坏，大哭一场。回到家里，他告诉了父母，随口乱说，手机被老师没收了，其实是老师自己想用。父母听了不但不恼怒，反而很高兴，本就想送点什么礼物给老师，老师喜欢，那就送他吧，正求之不得。但学生不肯啊，凭什么新手机让老师霸占。第二天到学校讲给同学听，话又传到老师耳朵里，老师感到是对他的极大侮辱，拿起手机扔到校长室，告家长和学生诽谤。家长也不干了，我们什么也没说，好心好意，怎么就是诽谤你，你老师太不够意思了。家校矛盾乱成了一团麻。

学生使用手机，是是非非争论不断，对学生学习的影响是大家争论的主题。我们参加教育部门组织的学校工作评比，学生手机的校园管理成了评价的一项重要指标。

几乎所有的学校都有制度规定，上课不准玩手机。一些学校在教室墙上配置放手机的小布袋，按学号整齐排列，学生上课时必须将手机调成静音状态，放进布袋内，下课才可以取出。也有的学校会对学生进行突击检查，如学生上课时将手机带在身边，会做严重违纪处理。有的学校干脆在校内不提供WiFi，要想上网只能花钱买流量。但我所到的学校，并未见学生手机禁止入校的规定。

其实并不只是我们这样，其他国家也十分重视。英国、德国、美国、日本等均有相关法令，明令禁止学生将手机带进校园和教室。最近，法国国民议会通过了一项在幼儿园、小学和初中校园禁止使用手机的新法令，即使在休息时间，也不例外，规定十分严苛。

有人夸张地说，你想坑害一个学生，就给他一部手机。学生校园禁用手机的呼声几乎全世界都在呐喊。那么，学生玩手机，真的如此凶险吗？

学生使用手机，其实是人类文明进步的标志，它的积极意义是不容置疑的，主要表现在三个方面：

　　一是学习知识和技能更为广泛。谁都知道，我们面临的是一个信息爆炸的时代，你想了解这个世界，想让自己跟上发展的社会，大量、迅速地接受新的信息是一个极其重要的方法，最好的途径就是上网，仅靠查字典、翻书本是远远不够的。而手机正是我们上网最方便、最快捷的工具。

　　二是有更好的学习途径。过去私塾的旧式教学，只局限在师生一对一的知识传授，而目前，正以不可思议的速度，大力发展线上教育。将来，很可能是一位教师面对成千上万学生的教学，微课发展已势不可挡。一机在手，随时随地都能够进行课堂教学，教学成本下降，价廉质优。高年级学生，如果不会上网学习，肯定会落伍。就连现在幼儿园的小朋友去参加民办小学面试，不也带个 ipad 网上进行吗？2020 年的新型冠状病毒感染肺炎，学校停课了，停课不停学，线上教育就成为及时有效的途径。

　　三是与外界联系更为便捷。两耳不闻窗外事肯定无法完成现在的学习要求，加强同学之间、师生之间、家长之间的交流非常重要。如果遇到问题需要帮助，随时通个话，讲讲自己的快乐或伤心，都可方便交流。学生之间碰到不会做的题目，煲起电话粥，也很常见。尤其是父母不在身边的住校学生，通个电话以慰思念之情，非常有利于稳定学生的学习情绪。我曾问过一群外地到上海求学的学生，你们最希望学校帮助你们解决什么困难？他们几乎不假思索地回答，希望学校别将手机管理太严，我们要与家里通电话。

　　学生使用手机有那么多积极意义，那么学校是否就不必管理了？当然不是。最起码上课禁用手机的规定应该是刚性的。上课的时候，你想一想，抬头不看黑板，低头只顾手机的情景，不用我分析，也可以知道对学习的负面影响。如果一不小心手机铃声大作，则会严重影响老师上课。

学生玩手机的负面作用大概有三条，这不得不引起学校和家长的重视。

一是容易沉迷其中不能自拔。上课玩、下课玩、白天玩、晚上玩、校内玩、校外玩，机不离手，所谓上了"瘾"。怎样才算上瘾？大约可以从两个维度判断，一是时间长，二是感情迫切，仿佛没了手机，一刻也不得安宁。如此上瘾，哪有时间、精力投身正常学习，人也会变得恍恍惚惚。

二是手机里的负面信息有损学生的身心健康。手机提供的信息良莠不齐，对未成年学生而言，如果照单全收，必然祸患无穷。老师们观察，学生背着别人偷偷玩手机，有时是怕违反学校的禁令，有些可能是在阅读"少儿不宜"的内容。

三是造成学生视力急剧下降。长时间盯住手机屏幕，一边流泪一边还看，视力怎么会不下降？学生视力下降，已引起了各方面的高度重视，这绝不是一件小事情。

学生使用手机是一把双刃剑。如何有效管理，各方都在探索，也曾提出过不少建议。有人认为，可以针对不同年龄阶段的学生进行分类管理，不应一刀切。也有人认为，在校内各时间段做不同规定，除了课堂上课以外，应有限开放，譬如自修时间，应鼓励学生上网自学。也有人认为，学生使用手机应做耐心疏导，可以开设正确使用手机一类的选修课程，放在明处加强引导。当然更多人认为，应借鉴欧美国家的模式，国家立法，禁止手机带入校园，便于学校依法管理。

学生用手机，它的功与过可由教育专家去争执。作为家长，一定要守住两条防线，一是不能上瘾，二是保护视力。否则，真会彻底毁了孩子。

有个好名字，助学一辈子

学生的名字拜父母或祖辈所赐，无特别的原因会使用一辈子。但家长可能没想到，起名用字太生僻，以后上学，会有诸多不便，甚至会影响学生的学习。面对生僻字，一般的人只能干瞪眼。

有网上热传一张学生名单，全班 16 名学生，名字中有 8 个生僻字。这些生僻字，我当了一辈子语文老师，百分之一百不认识。竂、嬎、羙等，这些字大概只有请教文字学专家，训诂一番才能说得清楚。

家长为什么给孩子用这些字取名呢？肯定自有深意，或为表达对孩子一生发展的企盼，或为产生与众不同的关注效应，或为显示家长的文化品位，这本无话可说，但家长也许根本没有考虑到，给孩子用生僻字取名，以后在学校学习和生活中，对孩子多多少少会产生一些负面影响。

叫名字时遇到生僻字，首先难堪的是老师。从幼儿园开始，孩子的大名要被老师用作点名和课堂提问，老师大声直呼其名，结果有字读不出，或读错了，老师肯定很尴尬。课堂上学生哄笑，这个错读有时还成了学生的绰号，学生很无辜。心细的老师会事先查字典，但有的字一般字典还查不到。我家珍藏一本线装的《康熙字典》，就常常服务于查学生名字。实在查不到，只好把这个字"悬"着，平时尽量避免叫到他。胆子大一点的老师，照自己理解读了出来，学生一听读错了，会直截了当地纠正，老师也会很尴尬。

叫学生的名字，有时还是班级管理的有力武器。该批评的要批评，该表扬的要表扬，尤其是宣读学习成绩，学生最在意的是考分，最愿意听到的是自己的名字。我认识一位班主任，管理班级有绝技。每次他接新生班，会花死功夫背熟学生的名字，一一对应登记表上的照片，丝毫不错。还未与学生接触，就把近 50 名学生的名字都叫得出来。新生一报到，他指东道西，直呼其名，仿佛是一位跟了一学期的老班主任。有些调皮的学生本想趁老师不认识之际浑水摸鱼，不料被老师指名道姓，吓得他立马收敛许多。所以，说得夸张一点，那些名字中的生僻字，有时会影响到老师的班级管理。

学生在漫长的学校生活中，还有许多被人直呼其名的时候。校外活动、体育比赛、兴趣小组、上台发言、班干部选举，包括同学间的交流，总不能要求人家都事先查阅字典后再叫你，所以生僻字的名字被人读错的概率很高。学生的名字一直被人读错，他的感觉一定很不好，因为大多数人都认为，世界上最好听的就是自己的名字。

学生名字用字生僻，还会使自己失去很多机会。譬如，新老师刚进课堂，一定是读得出名字的学生被提问多，读不出名字的学生被提问少，甚至干脆不提问。我也是这样，刚拿到学生名册，上课提问时，有我不认识的字的名字一定不叫，如果读错了，师道尊严何在？作为学生，也就少了锻炼的机会。有些生僻字电脑里显示不出来，如果不是非常重大的事情，操作员怕麻烦干脆就不登了，你的机会可能就被"省略"掉了。有些校外考证，名字生僻打不出，还得亲自去考试的地方证实。名字太生僻，准考证上会有姓无名，直接影响学生的考试入场。

名字中有生僻字，就如学生穿了件奇装异服进校园，格外醒目。但不要期望能引起老师的更多关注，很可能因怪异反而产生负面效应。学生有个什么过失，容易被人记住。有一次，我问新来的数学老师，班级中哪些学生作业没交？他想了想说，大概有七八位学生吧，有一位姓马的，后面是一个怪字，肯定没交！生僻的名字使你简直无可逃匿。

学生起名字本是家庭的事，个人的事，但因为名字是一位学生的符号，学校处处要使用这个符号。两个学生取同一个姓名，并不意味着是同一个人，一个人有两个名字，也不意味着是两个人，人与姓名没有必然联系。但有了姓名，被人使用就有了人与符号的相关性。

有个好名字，助学一辈子。所谓好名字，仁者见仁，智者见智，但用生僻字也许不是一个好方法。我提三个小小的建议：

一是用平常字。就是只需小学文化就能认识的字，平平常常，简简单单。笔画最好少一点，公布名单如果按笔画多少为序，还能靠前，如"丁一""马云"之类。

二是用响亮字。字的声调最好选阳调，不要用入声字，读起来嘹亮。如"潘长江""张宏"之类。

三是用雅趣字。用的字要高雅，又能蕴含父母的企盼。老师只闻其名，未见其人，即能获得几分好感。少用俗字、凶字，如"王耀武""沈美丽"之类。

失去的才是最珍贵的

有位母亲，给我讲了她儿子学习态度发生巨大转变的故事。从一个不爱学习的学生变成了一个勤奋好学的好学生，而学习态度转变的契机，竟然是她与自己丈夫的离婚。

她与丈夫离婚是在一年前。她在一家很大的外企公司当销售部经理，收入颇丰，但每天工作时间不固定，几乎没有上下班概念。她丈夫在一家医院药房工作，上班时间很刻板，朝九晚五，非常严格。双方父母不与他们同住，孩子得自己带，为了接送孩子，夫妻俩争吵不断。

妻子说，我工作性质特殊，上下班没有固定时间，你应该每天接送孩子。丈夫认为，我们事业单位不能随便请假，迟到都要扣奖金，接送孩子应该是你去。妻子听了马上就生气，你又不是医生，怎么会不好请假？还好意思说奖金，你一个月工资又能拿多少？

这位母亲对我说，吵了那么多年，终于在儿子进入民办初中时，他们离婚了。尽管常常争吵，但对儿子的关爱并不缺少，让儿子穿得好，吃得香，要什么尽量满足，就是读书上学，也挑选了学费高昂的民办学校。可是，儿子不争气，上课不认真听讲，回家不完成作业，老师告状是家常便饭。她认为是他们夫妻间的争吵影响了儿子的成长，心里很自责。

她忍耐着这段争吵的婚姻，最怕的是离婚给儿子带来不利影响。他担心如果离了婚，儿子的正常学习生活也许会彻底毁坏，她很害怕。但是，婚姻还是走到了尽头，法院将儿子判给了她。离婚后，她抱着儿子大哭一场，捶打着儿子的肩膀，恨铁不成钢，说："儿子啊，你就不能为妈妈争气吗？"

她万万没想到的是，没几天，儿子偷偷地给她写了一封信，信中竟然对他们的离婚做了理性的分析。她几乎不相信这是她读预初的儿子？是她那个读书上学随随便便的儿子？儿子在信中说："爸爸的工资不高，但他很辛苦，你为什么要讥笑他？妈妈，你工作更辛苦，全是为了我们，爸爸为什么不能理解你？"信的结尾充满了担忧，"你们离婚了，明天谁再陪我一起去上学？开家长会时，你们谁会去参加？明天开学了，谁拿钱给我去付学费？"

几乎在一夜之间，她儿子长大了，成熟了，仿佛一场离婚成了催生儿子新生的沃肥。之后，儿子完全变成了另外一个人。不用妈妈催促，上课从不迟到，回家认真完成作业，成了一个勤奋的学生。期末考试，成绩闯入班级前十名，这是他读书至今从未有过的佳绩。这位母亲逢人便说："我儿子醒过来了，我儿子真的醒过来了。大概是离婚后，上天给我的一个最高的补偿！"

听了这个故事，我想起了一句名言："失去的才是最珍贵的。"

　　这位妈妈所获得的补偿，其实来自孩子对生活突变的醒悟。他儿子平时面对百般呵护，熟视无睹，过着优越的生活却习以为常。只有当失去这一切，才后悔，才懂得珍惜，转而走向了学习的自觉。

　　我记得，初中语文课本中有一篇小说《最后一课》，是法国作家都德所著，异曲同工地呈现了"失去的才是最珍贵的"那种感受。他的故事曾教育了一代又一代学生。

　　小弗朗茨，一个法国小学生，非常讨厌平日的读书上课，而且经常迟到。有一天，上课又迟到了，他又想到了逃学。"天气是那么暖和，那么晴朗！我听见乌鸦在小树林边鸣叫，普鲁士人正在锯木厂后面的里贝尔草地上操练。所有这一切都比分词规则更吸引我，但我还是顶住了诱惑，加快脚步向学校方向跑去。"但他走进教室的时候，却发现气氛异常，同学们出奇的安静，老师穿着节日里才穿的绿色礼服，村民们也都端坐在教室里。原来这是一堂法语课，明天入侵者将命令学校开始用德语上课。这时，小弗朗茨被深深震动，"我的最后一堂法语课！……我只是刚刚学会写字，今后永远也学不到法语！法语就到此为止了！我现在是多么悔恨自己蹉跎光阴啊！悔恨自己从前逃课去掏鸟窝，去萨尔河溜冰！我的那些书，我的语法课本，我的神圣的历史书，刚才背在身上还觉得那么讨厌，那么沉重，现在却像老朋友一样，让我难舍难分。"

　　小弗朗茨只有到了失去法语读书的机会，爱国情怀、惜时意识才突然被唤醒，但为时已晚。

　　所以，我想，"失去的才是最珍贵"的意识如果能永驻学生心中，将能唤醒多少懵懵懂懂的孩子。作为家长，多给孩子讲讲"失去的才是最珍贵"的例子，多一些"假如"让他们去体验，不能让孩子身在福中不知福，要给他们一点危机感。

遗憾的是，很多人却难以做到。"假如再给我三天光明"，失明了才知道光明的珍贵；"假如再给我一次考试的机会"，不及格了才知道自己学习太随意；"假如再让我回学校读书"，离开学校才知道学校生活让人留恋。

我曾去探望一位患白血病的学生。她住在医院化疗，头发全部脱落，躺在病床上，全身乏力，脸色苍白，只有一双眼睛透出一股灵气。她见我来了，第一句话就问："老师，今天应该是学校考试吧？"我马上说："你生病了，应该好好休息。"她充满渴望地说："等我病好了，可以去补考么？"妈妈在边上忍不住哭泣，对我说："现在，她最大的愿望就是能回学校读书。"但是，半年之后，她永远离开了这个世界。她妈妈跟我说，在她生命的最后时刻，我把她平时上学用的书包安放在她的床头边。

所以，当你还是一个思维敏捷、身体健康的学生，天天沐浴着老师、父母无微不至的关爱，还能信心满满地去学校读书，要非常珍惜这看似平常的幸福，如果你还没有体会到这幸福，那么多想想"假如"，想象自己经历了一场变故，劫后"余生"，这样，会不会倍加珍惜自己当下的学校生活呢？"失去的才是最珍贵的"的道理，我曾给许许多多学生说起过。

一个学生可以不讲规矩，
但不可以不讲道理

　　一个学生在学校里有时会有很多不讲规矩的情况。譬如说，上课迟到，作业不交，作业不按要求完成，上课讲废话，到学校不按规定穿校服等。学校老师自然要对他们进行批评教育，绝大多数学生都能认识到自己错了。

　　知道错了，有不少学生会自己纠正。纠正有一个过程，我们要有等待的耐心。我曾聆听过一位著名的教育界前辈说过一段语重心长的话，他当时是对青年教师讲的。大意是现在学生不听老师教诲，老师不要灰心丧气，学生还小，不懂事。你们要反复讲，不断地讲，随着学生一天天长大，终有一天会听进去的。

　　还有一种学生，面对明明是不讲规矩的行为却知错不改，或者连错误也不承认，用各类莫名其妙的理由来搪塞自己的错误，蛮不讲理。譬如，上课迟到了，是路上堵车的错，是父母没叫醒他的错，甚至是学校规定上课时间太早的错，反正自己没错。那么就别希望他改正自己的错误了。

最近一次，我批改学生的家庭作业，是写作文，却发现有的学生将作文写在一张纸上，然后贴在作文簿上。

我在课堂上说："有一事我没想明白。明明有作文簿，为什么不按要求直接写在上面，而要写在纸上然后贴上去？如果是课堂作文，没带作文簿，只能先写在纸上，然后贴到作文簿上去，这也是个原因。但这是回家作业，一样要写，为什么就不能直接写在作文簿上呢？"

有位女学生在课堂上大声地回答："当然有原因，我写作文灵感一来，就要马上写出来，如果当时没有作文簿，就会写在纸上，然后贴上去，怎么不可以啦？"

照着她的思路，我说："就算你像作家一样，灵感降临，思如泉涌，在家也可以写在作文簿上啊。"

她反应很快，对我说："那不一定随时找得到作文簿，比方说我正巧在骑车，在公交车上，哪里去找？"

我问她："在骑车，在公交车上，你能把灵感写在纸上？"

她把头一仰，没有一点理亏地说："我就是这样的，骑车也可以写，公交上也可以写，等红绿灯时不就有时间嘛！"

蛮不讲理，且堂而皇之，是自尊？是逆反？还是养成了一种习惯？先把别人的批评反驳回去，不管用什么理由，哪怕理由十分荒谬。更可怕的是成为一种习惯，导致不可理喻。

造成有些学生不讲道理的原因也许很多，但与家长的宠爱不无关系。过去我们小时候，在学校里犯了错，回家肯定是一顿责打，父母绝不会说老师的不是。现在有些家长过度维权，唯恐孩子在学校受委屈，有时不分青红皂白。假设我与那位女学生的那番论理，被她父母知道，他们不屑一顾地说一句："你们老师有必要这样大惊小怪吗？"我们可以想一想，长此以往，将会造成什么结果。

首先，是没了是非观念。因为没有理也要反驳别人，那就可以不择手段，甚至胡编乱造。譬如那位女学生，为了证明将白纸贴在作文簿上的合理性，竟用不成立的论据来论证，如在自行车上、等红绿灯时写"灵感"，时间长了，什么是对、什么是错都搞不清楚了，先把别人怼回去再说。譬如考试作弊，也有学生能说出一大堆"正确"的理由。

其次，是助长了逆反的胆量。明明是错的，甚至已是普遍共识，如打人、骂人、偷窃等，但如果有了"充分"的歪理，等于自己给自己壮胆，错误也会越犯越大。对学生学习的许多要求虽然不是十全十美，但具有一定的合理性，人人都遵守，就成了规则。歪理却可以随便找，譬如，上课不认真听讲是因为老师讲课没水平，不完成回家作业是因为老师没有教过，题目做不出是试题出得不好，这些理由我们老师听得很多，一些学生说起来反而还理直气壮。

最后，是影响了推理能力。学生学习，不论哪门学科，都需要精准的推理能力。依据的准确性、依据与结论相一致是很重要的原则。如果学生养成了"不讲道理"的习惯，可以不顾依据是否成立，不管有无因果关系，乱说一气，推理紊乱，学习成绩怎么优秀？

　　所以我说，学生不讲规矩是一个观念问题，学生不讲道理是一个品质问题。观念如果改变，行为也会改变，而品质要改变，则需要付出更艰巨的努力。

学生早恋，家长可以睁一只眼闭一只眼

一位读初一的女生读了我写的书《学习方法决定学习成绩》，很有心得地对我说，这本书最好看的是最后一篇《早恋是福还是祸》，早恋，在初中就有了？

我真吓了一跳，莫非我的书中有"少儿不宜"的内容？厚厚一本书，50 多个话题，聊了那么多好的学习方法，为什么就不先看看，却从最后一篇开始阅读，对"早恋"话题情有独钟？

现在孩子早熟，"窈窕淑女，君子好逑"，很朦胧，但又很具体。我的看法是明里不要小题大做，暗里要防微杜渐。因为早恋对学生学习的冲击太厉害了。

但有的冲击可能是我们太敏感造成的。譬如，我听说初一女生看我的书，先看《早恋是福还是祸》，文章中本来就全是正能量，为什么要"吓一跳"，就因为她还是初一的小女生？

"小题大做"，在我过去当老师时有过教训。现在反思，当年为什么要把眼睛睁得那么大？高二年级，有一对同班的男女同学早恋了，女同学怀孕，瞒着学校去打了胎。双方家长协商把事情摆平，双方约定决不能让学校知道。但总有蛛丝马迹露出。我那时是学校政教处副主任，负责学生的德育工作。当时年少气盛，认为学生严重犯规，怎么就能平安无事？非要拿出证据，以显示自己的责任。我专程到崇明去外调，冒着刺骨的寒风坐船去，一直找到海滩边上的小医院，拿到证据。当天回不了上海，在一个小旅馆住了一晚，那时还没空调，又冷又饿，我基本上是坐了一夜，根本没法入睡。第二天一早，匆匆坐船赶回学校。吃尽了"千辛万苦"，有了证据，成功地给了学生处分。这两位学生因为这个处分，一位转学，一位不愿来学校上课。双方家长又重新燃起战火，争吵不休。可以说，在毕业前一年，他们俩几乎没太平过。现在来看岂不是多此一举？之前双方家长已经和解，男女同学也接受了教训，我如果不介入，这件事也就过去了，他们的高三学习也不会受影响。如果因为处分，当年那两位同学为此寻死觅活，我还真吃不了兜着走。

其实，在学校里早恋是一个绕不开的话题，与学习状态休戚相关，与学习成绩紧密相连，这已成为我们的共识。但如何正确应对，对老师、家长以及学生来说，都有点棘手。

我有过在中学当班主任、年级组长、政教主任、校长的经历，每段经历中都面对过学生早恋的事情，也算有一点点心得体会。

先说家长，除了极个别的，绝大多数家长持反对态度。面对孩子的早恋，一般有三种常见的反应：一是不相信，原本一直以为长不大的孩子怎么就谈情说爱了？二是发现一点状况就过度反应，神经变得异常敏感。三是竭力阻止，什么方法都有，有激烈的，也有平和的，随家长的性格和水平有所区别。

再说老师。一般有两个态度：一是反感，平时校内校外工作这么忙，哪有时间处理这种事情，完全是添乱。二是怨气，老师经常抱怨（至少我是抱怨的），处理早恋，难度很高，学生软硬不吃，家长往往不满意，拿捏不准，要死要活，离家出走，恨你一辈子。

最后说学生。一般他们的态度主要有两种：一是我行我素，任你们怎么议论，我们该干吗还是干吗，同进同出，不需要掩饰。现在的学生，与我们当年相比，比较自我。二是百般抵赖，做还是照样做，但决不承认，任凭你铁证如山。这两种态度似乎有些相反，但往往都有应对老师和家长的说辞："我们只是好哥们（上海人谓之好兄弟）。"

这个说辞很厉害，等于指责他人："我们的关系很正常，是你们想多了，难道男女同学之间就不存在纯洁的友谊吗？"由于受到了各方批评指责的压力，他们会极力掩饰："哪有什么早恋，我们只是朋友而已。"这样，使早恋变得心安理得。

那么，男女同学之间成为好哥们是否存在呢？以我的观察，肯定存在，而且很多，但大都存在于群体之中，是一种博爱。如果一对一的男女好哥们，我是基本不相信的。一路好兄弟下去，日久难免生情，中学生又有多少自控力呢？有时学生已"恋"得难分难舍，竟然还不知道自己在"恋"。

早恋对学习的影响，最严重的是学习时间和精力被占据，尽管恋情有时也会催生学习动力，但这毕竟是少数，我们看到更多的结果是早恋的学生学习成绩往往会大幅度下降。

　　防止学生早恋，家长应该是第一道防线，因为有近距离观察的条件。一旦发现状况，不要小题大做，但要防微杜渐。对学生朦胧的情感可以闭起一只眼，对他们具体的行为一定要睁开另一只眼，这就是我所谓的睁一只眼、闭一只眼。不该睁眼的时候，睁大了眼睛，一定会影响学生的情绪，激化矛盾。该睁眼的时候，又闭上了眼睛，也会使事情发展到不可收拾的地步，最后也会激化矛盾。

图书在版编目(CIP)数据

学习高手是这样炼成的 / 陆震谷，张鲁川主编；
陆震谷著. —— 上海 ：上海文化出版社，2020.7
　　(学习方法决定学习成绩)

　　ISBN 978-7-5535-2045-2

　　Ⅰ．①学… Ⅱ．①陆… ②张… Ⅲ．
①初中生-学习方法 Ⅳ．①G632.46

　　中国版本图书馆CIP数据核字(2020)第120953号

学习高手是这样炼成的
陆震谷　张鲁川主编
陆震谷　著

责任编辑　孟　芳　田　芳
整体设计　周艳梅
督　　印　张　凯

出　　版　上海文化出版社
出　　品　上海故事会文化传媒有限公司
　　　　　　(200020 上海市绍兴路74号　www.storychina.cn)
发　　行　上海文艺出版社发行中心
　　　　　　(上海市绍兴路50号)
印　　刷　上海万卷印刷股份有限公司
开　　本　889×1194　1/32
印　　张　10
版　　次　2020年8月第1版
印　　次　2020年8月第1次印刷
书　　号　ISBN 978-7-5535-2045-2/G.329
定　　价　30.00元

上海故事会文化传媒有限公司 出品（00992）www.storychina.cn

想看更多精彩故事？
扫码下载故事会APP

上海故事会文化传媒有限公司所有图书可办理邮购，免收邮费(挂号除外)
汇款地址：上海市绍兴路74号(200020)
收款人：上海故事会文化传媒有限公司出版发行部
联系电话：021-64338113
如发现本书有质量问题，请与印刷厂质量科联系　T：021-56928178